W0217359

Das Mathebuch 3 Förderheft

Erarbeitet von:

Anja Finke

Cathrin Höfling

Ulrike Hufschmidt

Myriam Kolbe

Julia Michalke

Jennifer Postupa

Dr. Sebastian Walter

Mildenberger

1. Trage ein.

a)

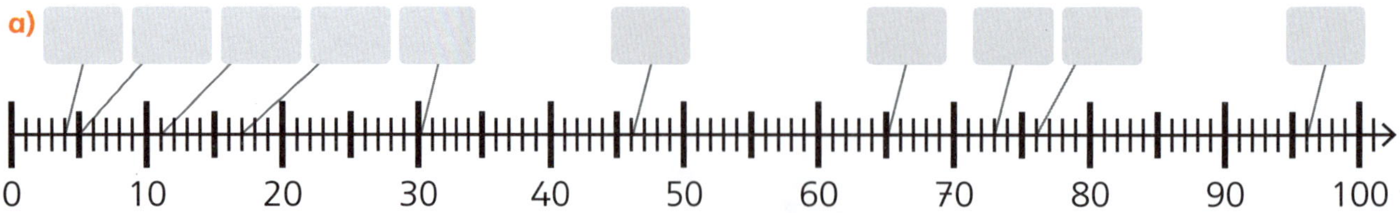

b)

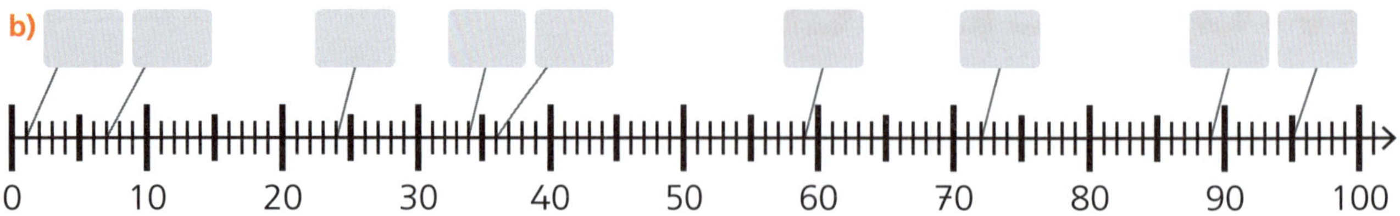

2. Setze ein: >, < oder =

a)

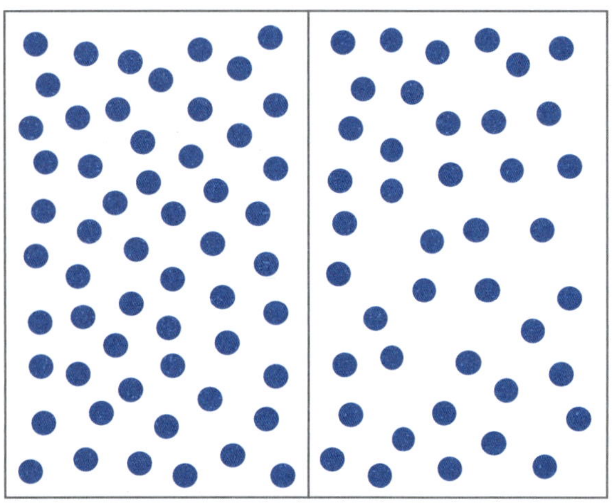

b)

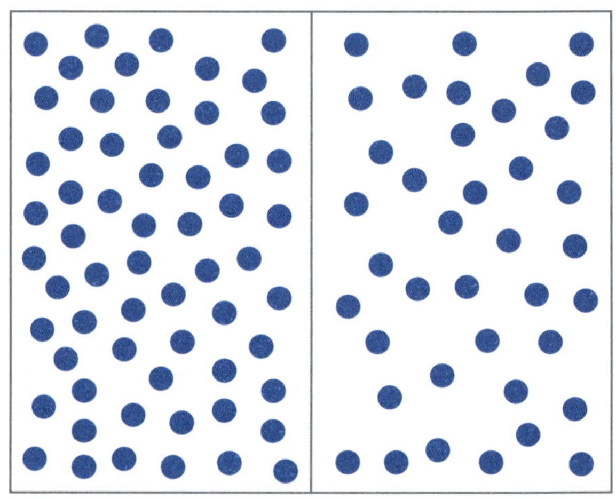

3. Setze ein: >, < oder =

a) 10 ◯ 15
41 ◯ 41

b) 43 ◯ 33
15 ◯ 39

c) 47 ◯ 1
44 ◯ 6

d) 11 ◯ 33
17 ◯ 12

e) 37 ◯ 37
11 ◯ 34

4. Rechne und setze ein: >, < oder = [1]

a) 16
15 + 1 < 20

b) 16 ◯ 18 − 2

c) 50 + 30 ◯ 100 − 10

d) 42 + 8 ◯ 51

e) 39 − 6 ◯ 33

f) 50 − 20 ◯ 10 + 70

g) 57 − 3 ◯ 58

h) 46 ◯ 48 − 2

i) 24 − 6 ◯ 11 + 17

1 Ggf. Zahlenstrahl verwenden

1. Zeichne, trage ein und rechne.

a) 36 + 17

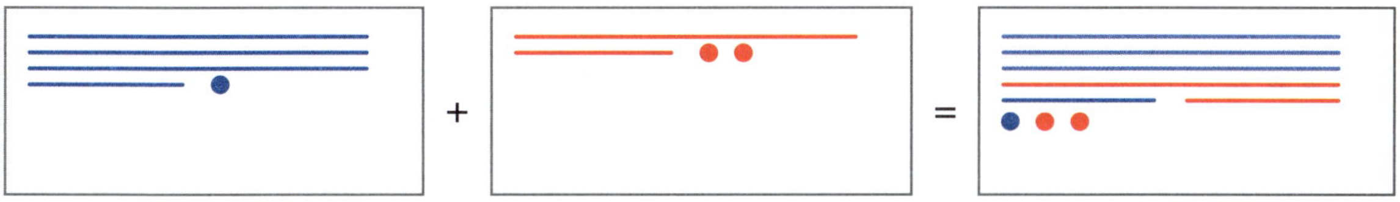

36 + ☐ = ☐

b) 26 + 25

☐ + ☐ = ☐

☐ + ☐ = ☐

c) 43 + 19

☐ + ☐ = ☐

☐ + ☐ = ☐

2. Rechne und trage ein.

a) +18

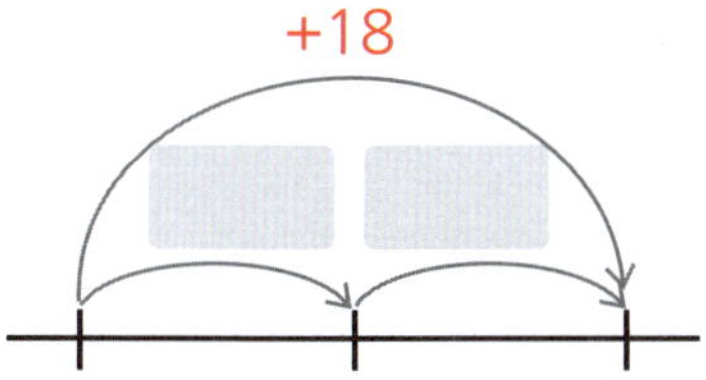

b) +24

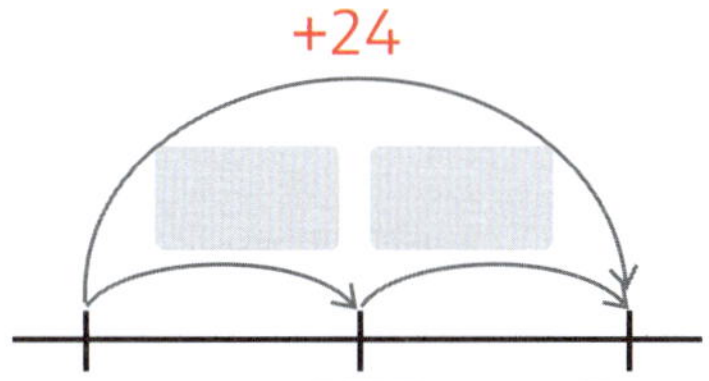

c) +33

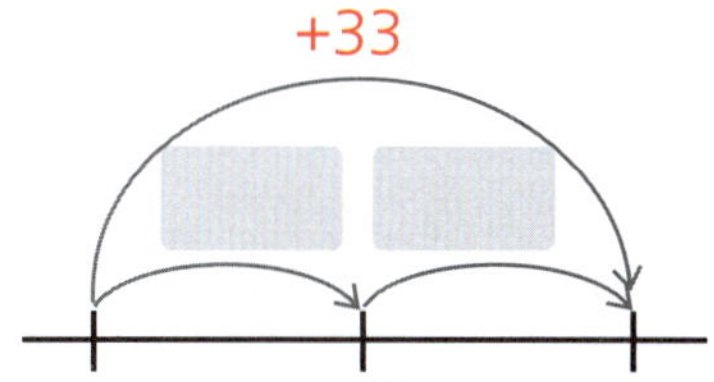

3. Rechne.

a) 25 + 16 =

b) 34 + 25 =

c) 18 + 19 =

d) 26 + 32 =

e) 14 + 45 =

f) 27 + 33 =

1. Zeichne, trage ein und rechne.

a) 24 – 16

___ – ___ = ___

b) 32 – 24

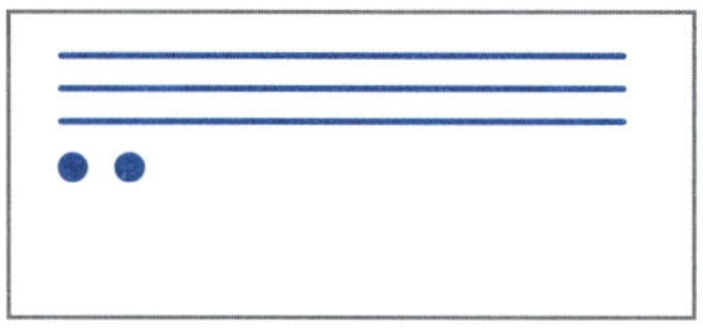

___ – ___ = ___

c) 36 – 19

___ – ___ = ___

d) 42 – 25

___ – ___ = ___

e) 25 – 18

___ – ___ = ___

f) 56 – 29

___ – ___ = ___

2. Rechne und trage ein.

a) –17 … 43

b) –32 … 61

c) –26 … 54

d) –13 … 32

e) –27 … 36

f) –34 … 82

3. Rechne.

a) 34 – 17 =

b) 26 – 19 =

c) 41 – 27 =

d) 22 – 15 =

e) 38 – 28 =

f) 55 – 36 =

1. Setze fort und rechne.

a)

1	·	2	=	
2	·	2	=	
3	·		=	
	·		=	
	·		=	
	·		=	
	·		=	
	·		=	
	·		=	
	·		=	

b)

1	·	5	=	
2	·	5	=	
3	·		=	
	·		=	
	·		=	
	·		=	
	·		=	
	·		=	
	·		=	
	·		=	

c)

1	·	10	=	
2	·	10	=	
3	·		=	
	·		=	
	·		=	
	·		=	
	·		=	
	·		=	
	·		=	
	·		=	

2. Zerlege in Kernaufgaben und rechne.

a)

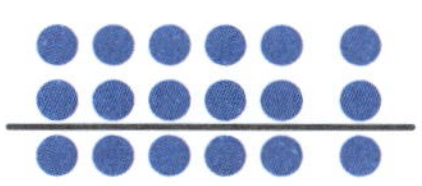

3 · 6 =

2 · 6 = 12

1 · 6 = 6

b)

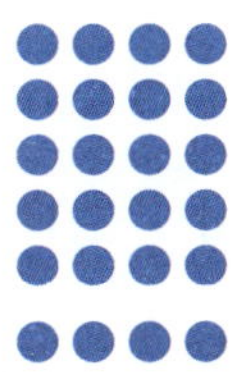

6 · 4 =

· 4 =

· 4 =

c)

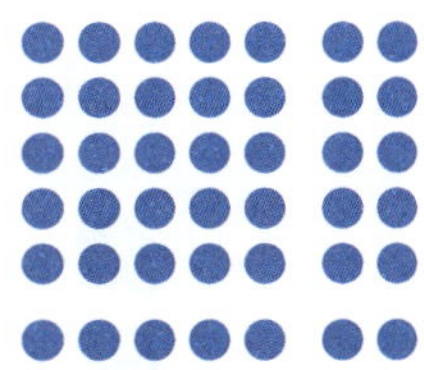

6 · 7 =

·

·

d)

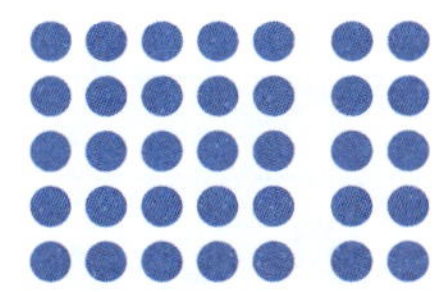

5 · 7 =

·

·

e)

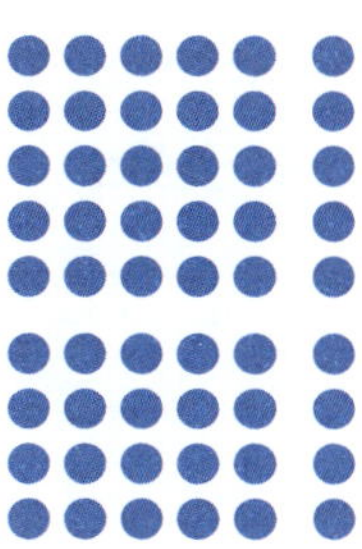

9 · 6 =

·

·

f)

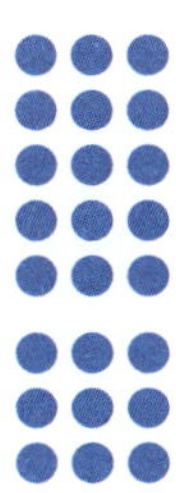

8 · 3 =

·

·

g)

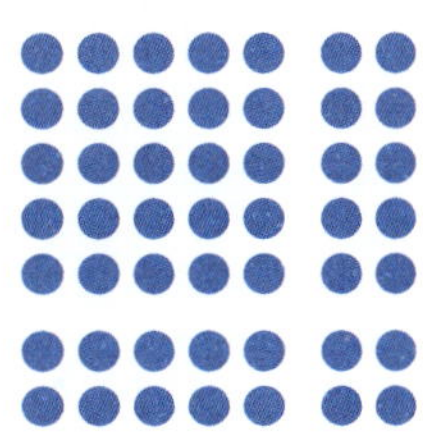

7 · 7 =

·

·

h)

10 · 4 =

· =

· =

1. Baue mit Steckwürfeln. Male und rechne.

a) Baue aus 6 Steckwürfeln immer 2er-Türme.

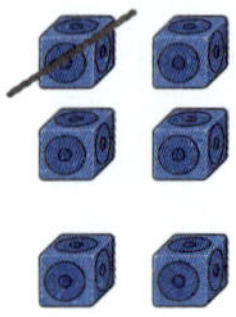

___ : 2 = ___

Baue aus 7 Steckwürfeln immer 2er-Türme.

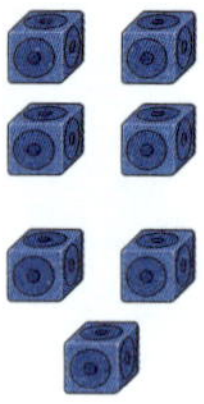

___ : ___ = ___

b) Baue aus 6 Steckwürfeln immer 3er-Türme.

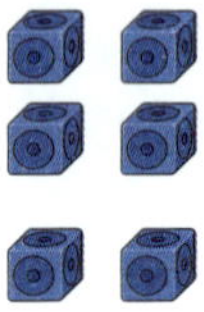

___ : 3 = ___

Baue aus 8 Steckwürfeln immer 3er-Türme.

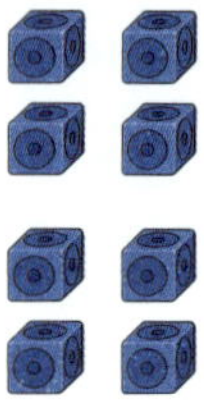

___ : ___ = ___

2. Baue aus den Steckwürfeln immer 7er-Türme. Wie viele Steckwürfel bleiben übrig?

a)

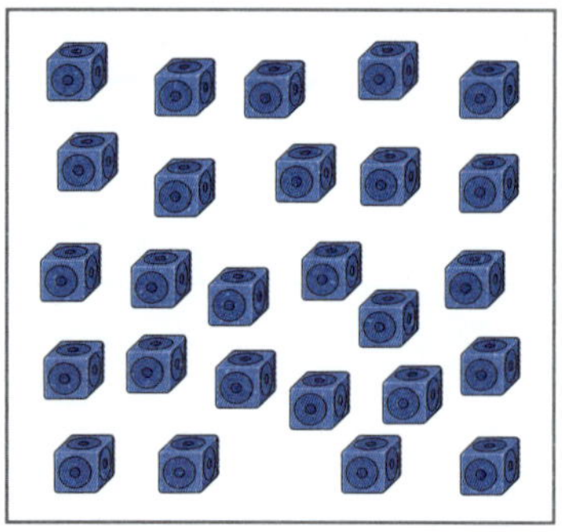

___ : ___ = ___

Ich baue ___ Türme.

___ bleiben übrig.

b)

___ : ___ = ___

Ich baue ___ Türme.

___ bleiben übrig.

c)

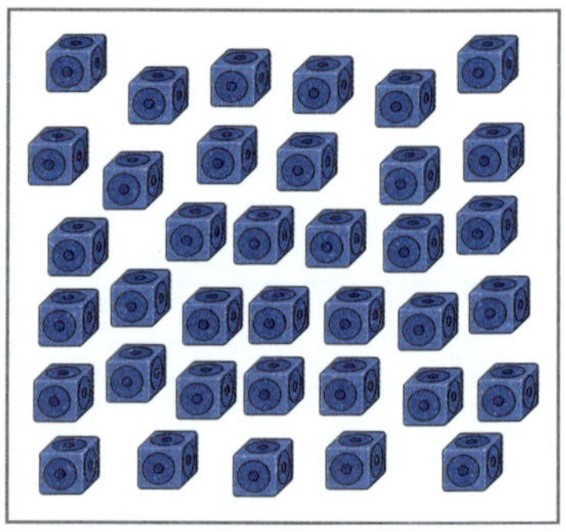

___ : ___ = ___

Ich baue ___ Türme.

___ bleiben übrig.

3. Schreibe zum Punktefeld die passende Aufgabenfamilie.

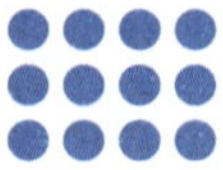

___ Punkte

3 4 12

3 · ___ = ___ → Tauschaufgabe → ___ · 3 = ___

↓ Umkehraufgabe ↓ Umkehraufgabe

___ : ___ = 3 ___ : 3 = ___

zu Schülerbuchseite 8

1. Immer 10. Bündele und trage ein.

a)

H	Z	E

b)

H	Z	E

2. Bündele und trage ein.

a)

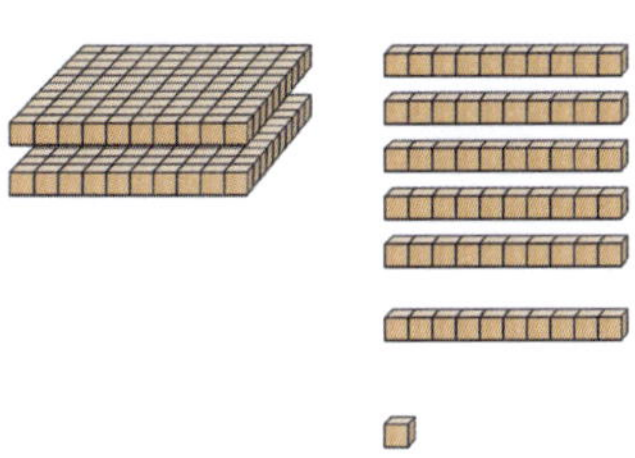

H	Z	E

b)

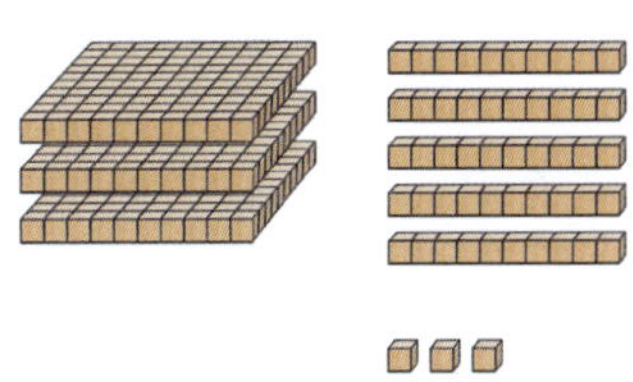

H	Z	E

1. Was gehört zusammen? Verbinde.

100		zweihundertvier
204	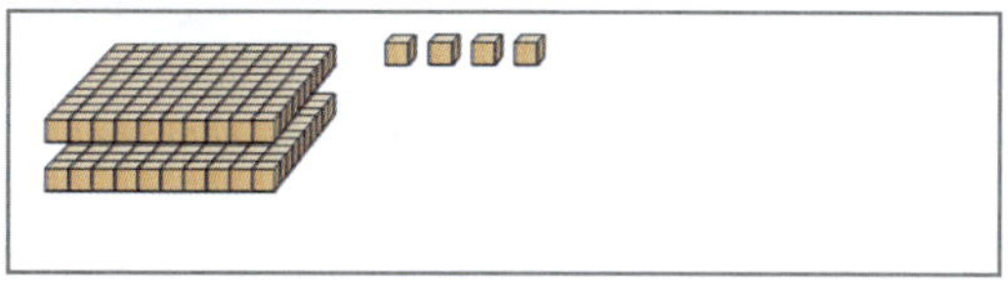	einhundertzweiundfünfzig
152	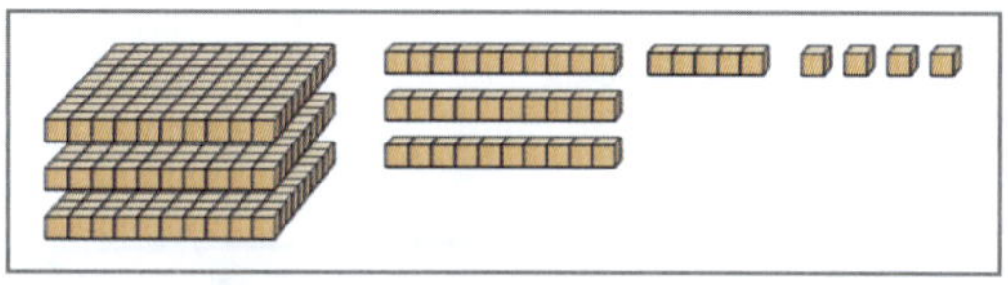	einhundert
240	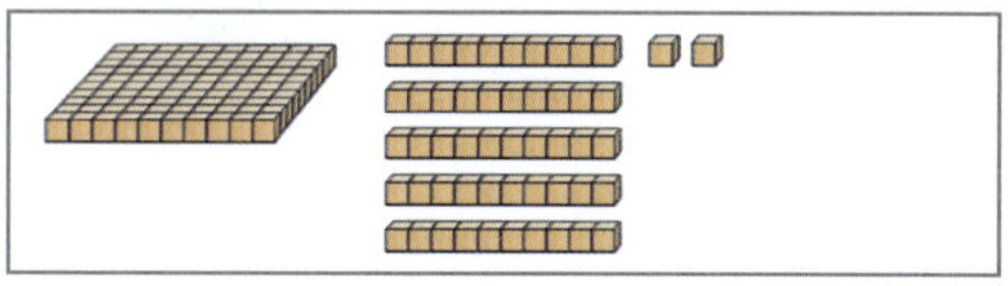	zweihundertvierzig
339	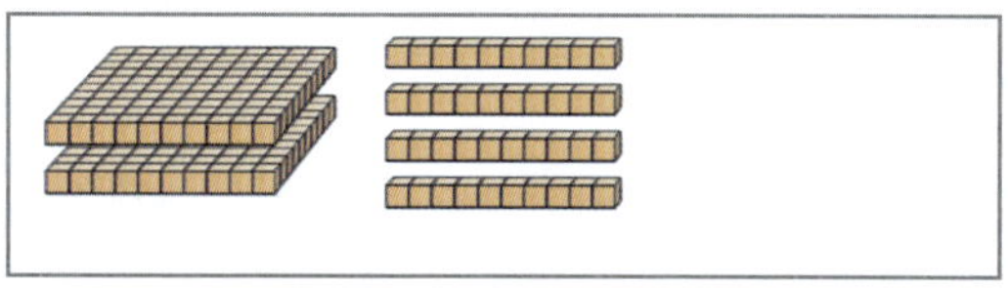	dreihundertneununddreißig
125	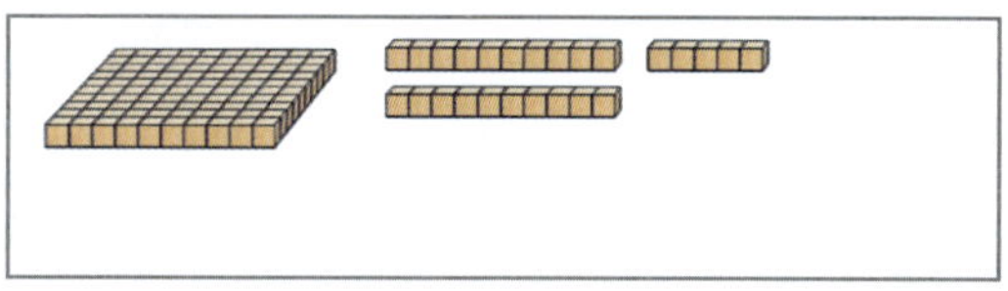	einhundertfünfzig
150	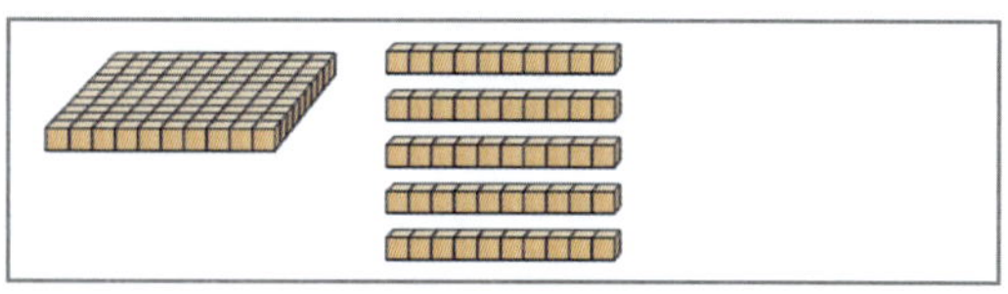	einhundertfünfundzwanzig

2. Schreibe als Zahlwort.

a)

T	H	Z	E
	2	7	9

____

b)

T	H	Z	E
	8	4	0

____

c)

T	H	Z	E
	9	1	0

____

d)

T	H	Z	E
	5	8	7

____

1. Wie heißt die Zahl? Schreibe auf zwei Arten.

a) 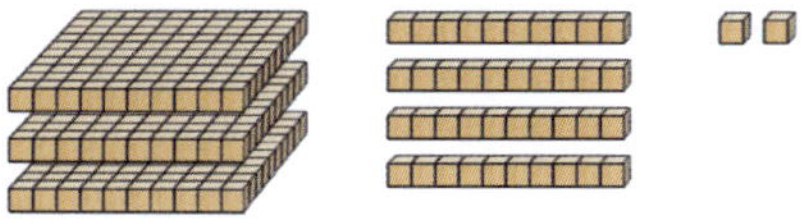

3 H + 4 Z + 2 E =

300 + 40 + 2 =

b) 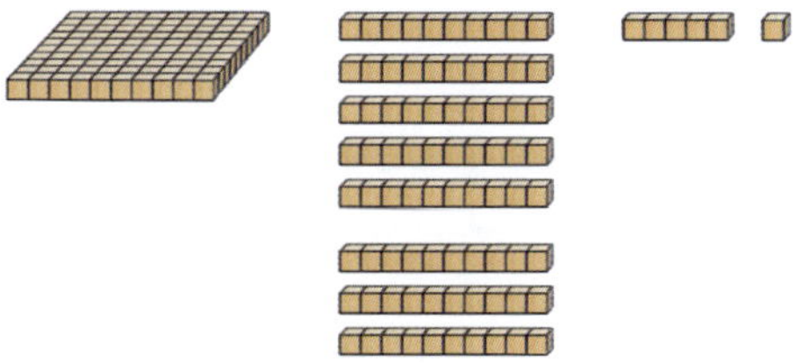

c) 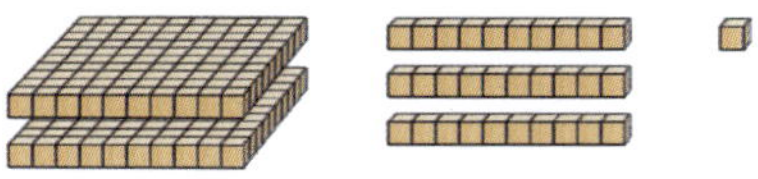

2. Wie heißt die Zahl? Schreibe auf zwei Arten.

a) 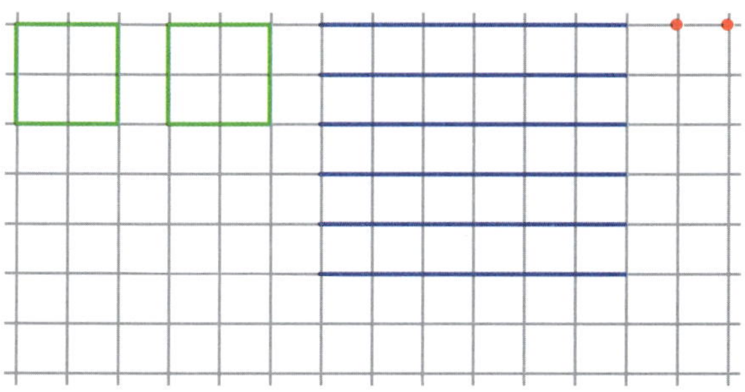

b) 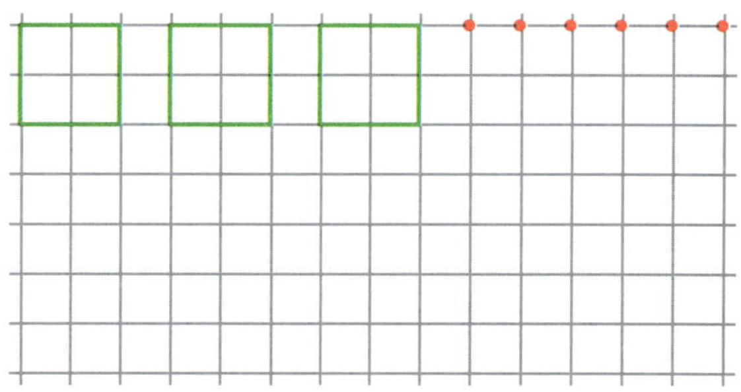

3. Zeichne die Zahl.

a) 275

b) 439

1. Finde die Zerlegungen.

a)

8		
1	+	
	+	5
2	+	
	+	8

800		
100	+	
	+	500
200	+	
	+	800

b)

9		
	+	1
	+	6
3	+	
	+	7

900		
	+	100
	+	600
300	+	
	+	700

c)

6		
5	+	
	+	4
1	+	
	+	3

600		
500	+	
	+	400
100	+	
	+	300

d)

10		
	+	2
3	+	
	+	6
5	+	

1 000		
	+	200
300	+	
	+	600
500	+	

2. Finde Zerlegungen.

a)

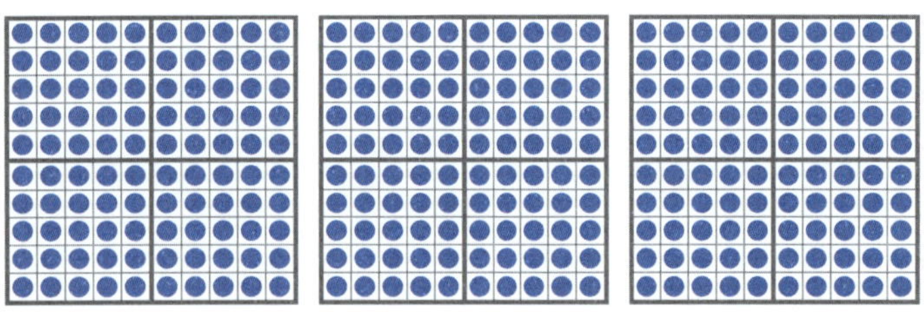

300		
	+	
	+	
	+	

b)

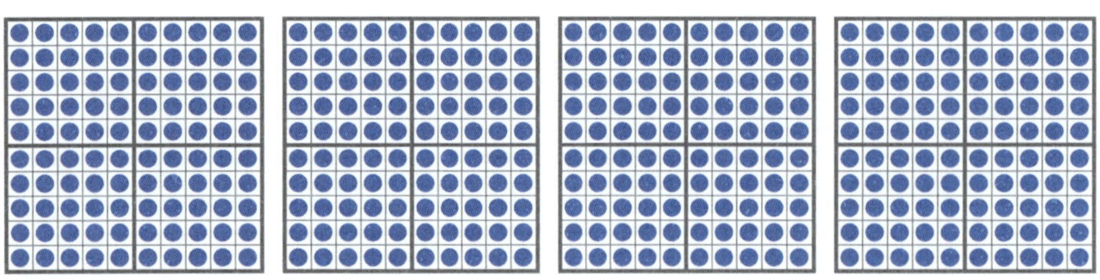

400		
	+	
	+	
	+	

c)

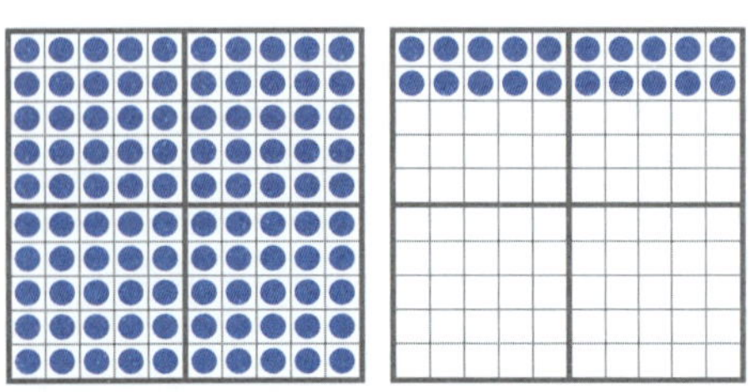

120		
	+	
	+	
	+	

2 Mehrere Lösungen sind möglich

1. Trage ein.

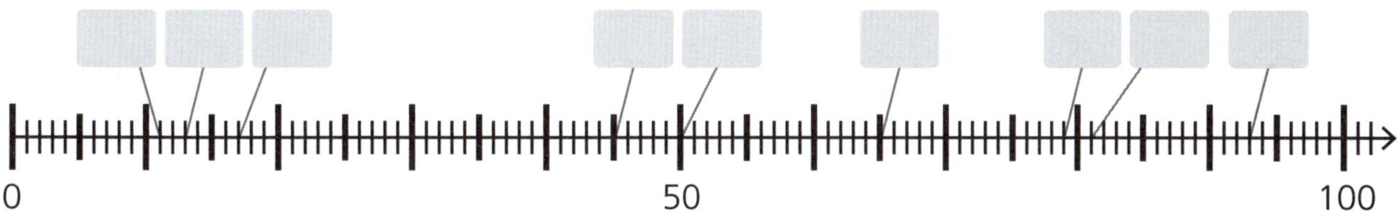

2. Welche Zahl ist es? Verbinde.

a)

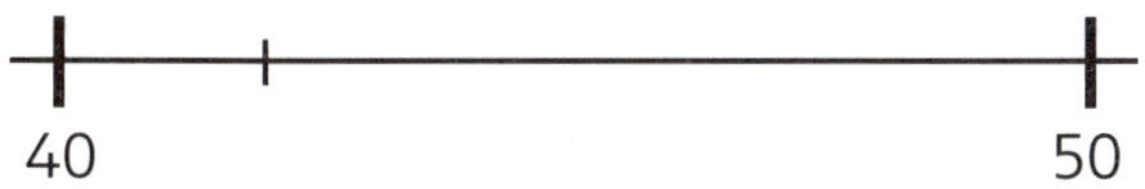

42 48

b)

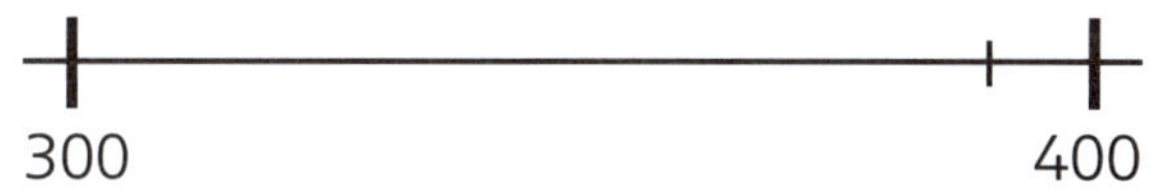

350 390

c)

170 200

850 950

3. Ordne die Zahlen der Größe nach. Beginne mit der kleinsten Zahl. Verwende **<**.

a) 4 21 17 12 ______________________

b) 25 39 64 46 ______________________

c) 96 69 68 86 ______________________

4. Setze fort. Zeichne die Pfeile und male an.

a)

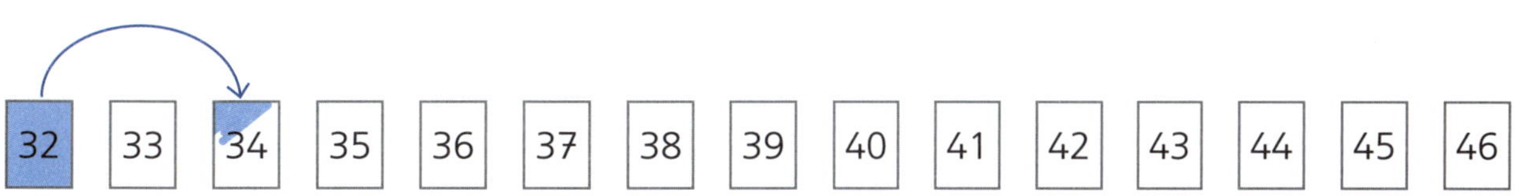

b)

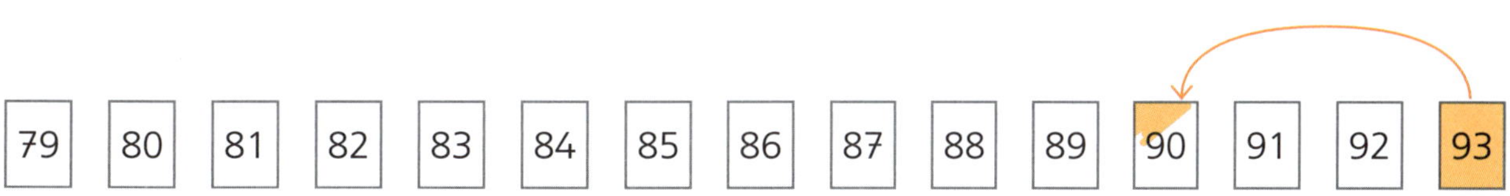

c)

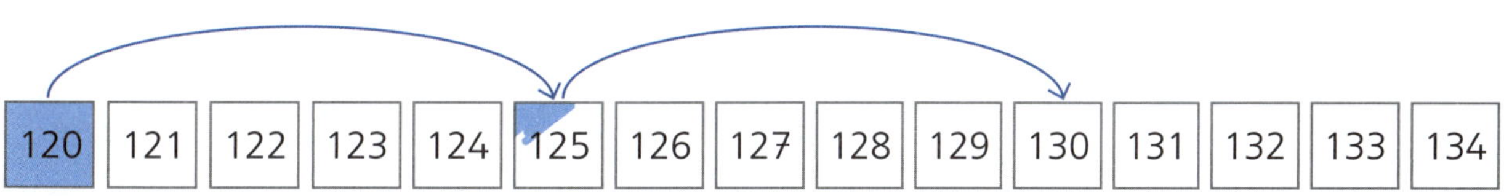

1. Spure alle weißen Zahlen mit Farbe nach: Hunderter grün, Zehner blau, Einer rot.

201	202	203	204	205	206	207	208	209	210
211	212	213	214	215	216	217	218	219	220
221	222		224	225	226		228	229	230
231	232	233		235	236	237	238		
241	242						248	249	250
251	252	253	254	255	256	257	258	259	
261	262			265	266		268	269	270
271	272	273	274	275	276	277	278		280
281	282	283			286		288		
291	292	293	294	295	296	297	298	299	300

2. Trage die fehlenden Zahlen in der Hundertertafel oben in Aufgabe 1 ein: Hunderter grün, Zehner blau, Einer rot.

3. Trage die fehlenden Zahlen ein: Hunderter grün, Zehner blau, Einer rot.

a)

720
740

b)

629
659

c)

292

d)

154		156	

e)

231			

f)

		456	

1–3 Ggf. Hundertertafeln verwenden

1. Unterstreiche wichtige Informationen. Löse die Sachaufgabe.

a) Max ist 9 Jahre alt. Er liest ein Buch mit 45 Seiten. 36 Seiten hat er schon gelesen. Das Buch handelt von einem Tiger.

F: Wie viele Seiten muss er noch lesen?

R:

A: ______________________

____

b) Tim ist 10 Jahre alt. Seine Schwester ist 3 Jahre jünger. Tim liest ihr jeden Tag 3 Seiten aus seinem Buch vor.

F: Wie alt ist die Schwester von Tim?

R:

A: ______________________

____

c) Mira ist 9 Jahre alt. Am liebsten liest sie Bücher über Pferde. Mira hat schon 42 Seiten gelesen. Bis das Buch zu Ende ist, fehlen ihr noch 40 Seiten.

F: Wie viele Seiten hat das Buch?

R:

A: ______________________

____

d) Hanna hat am 29.11. Geburtstag. Ihr Bruder ist 12 Jahre alt. Ihre kleine Schwester ist erst 6 Jahre alt. Hanna ist 3 Jahre jünger als ihr Bruder.

F: Wie alt ist Hanna?

R:

A: ______________________

____

2. Welche Sätze benötigst du, um die Frage zu beantworten?
Unterstreiche die wichtigen Informationen und beantworte die Frage.

F: **Wann hat Mira Geburtstag?**

A Mira wünscht sich einen Rucksack zum Geburtstag.

B An ihrem Geburtstag ist es meistens sehr warm.

C Mira hat am 12. 8. Geburtstag.

A: ____

1. Welche Form ist es? Verbinde.

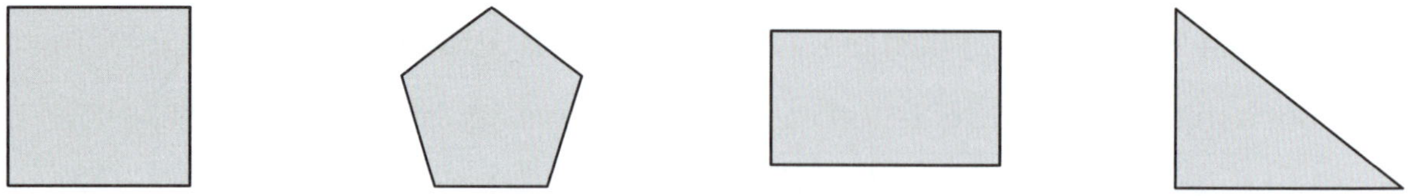

Rechteck | Sechseck | Quadrat | Achteck | Dreieck | Fünfeck | Kreis | Viereck

2. Welche Aussage stimmt? Kreuze an.

a)

- ○ Alle Seiten sind gleich lang.
- ○ Die Form hat 3 Ecken.

b)

- ○ Genau zwei Seiten sind gleich lang.
- ○ Die Form hat 6 Ecken.

3. Zeichne die Form fertig.

a)

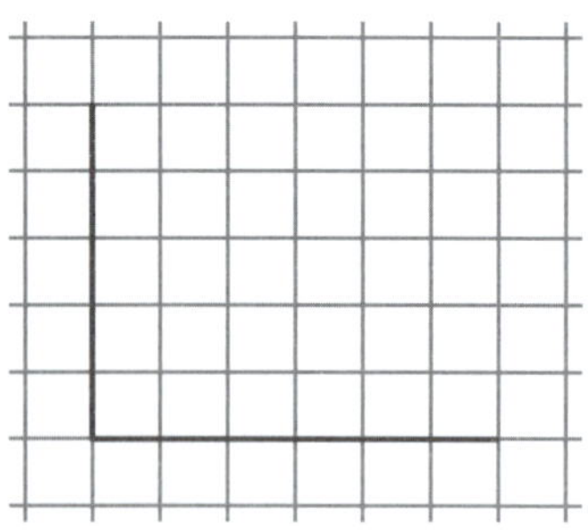

Dreieck

b)

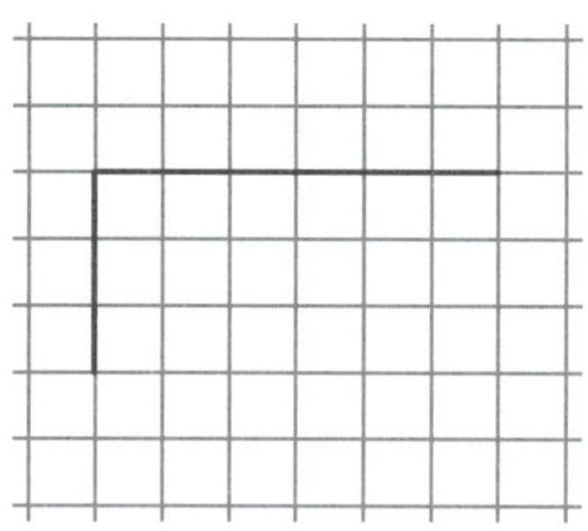

Rechteck

c)

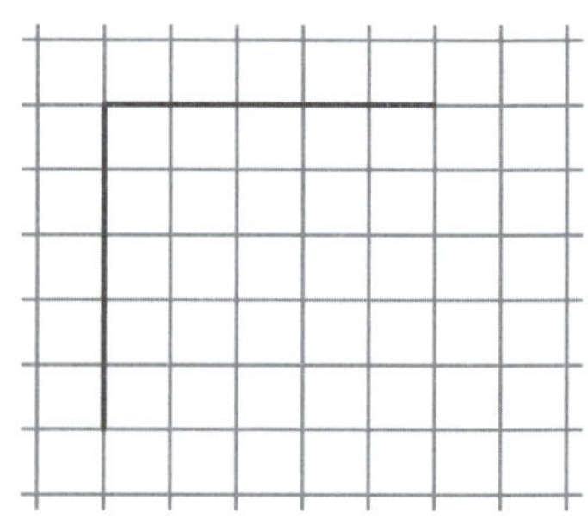

Quadrat

4. Umkreise das Motiv und setze das Bandornament fort.

a)

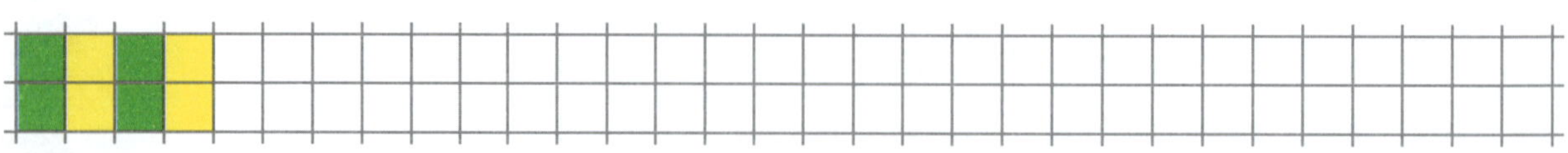

b)

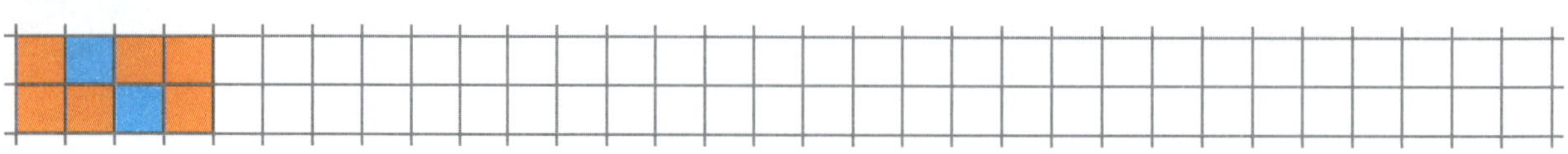

1. Überprüfe mit dem Geodreieck. Markiere alle rechten Winkel.

a)

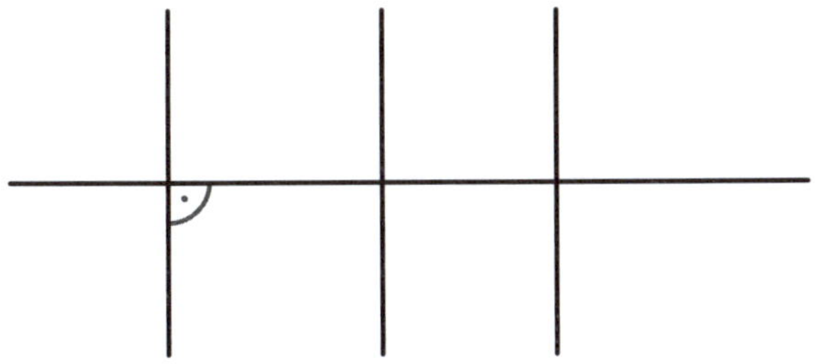

b)

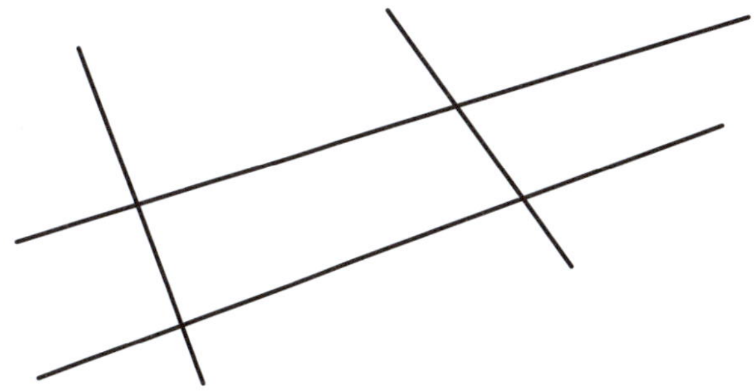

2. Zeichne eine senkrechte Gerade. Markiere alle rechten Winkel.

a)

b)

3. Zeichne eine parallele Gerade.

a)

b)

4. Wo findest du rechte Winkel? Markiere. Zeichne das Muster nach.

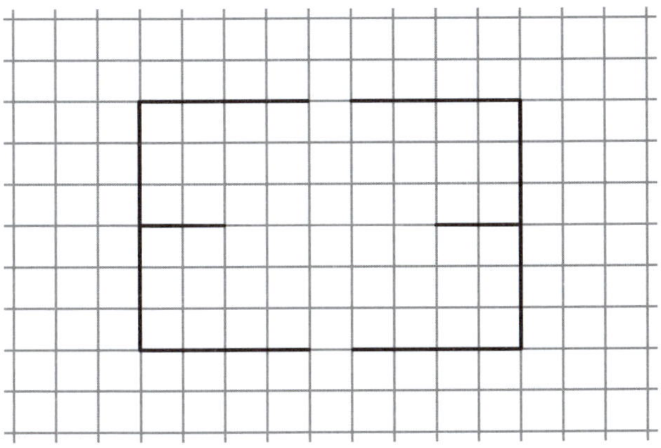

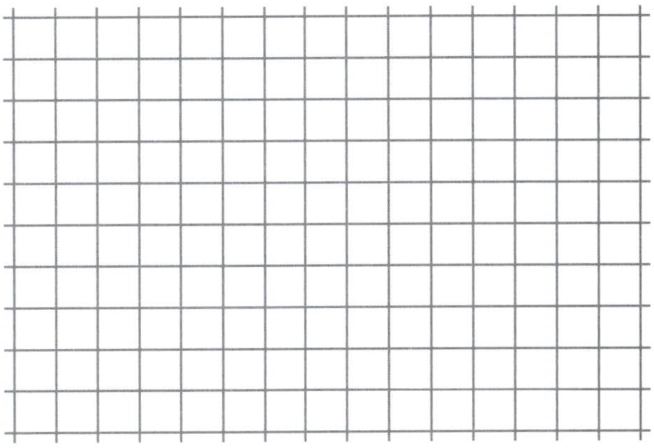

1–4 Mit Geodreieck überprüfen und zeichnen
2, 3 Mehrere Lösungen sind möglich

1. Wie groß ist der Flächeninhalt?

a)
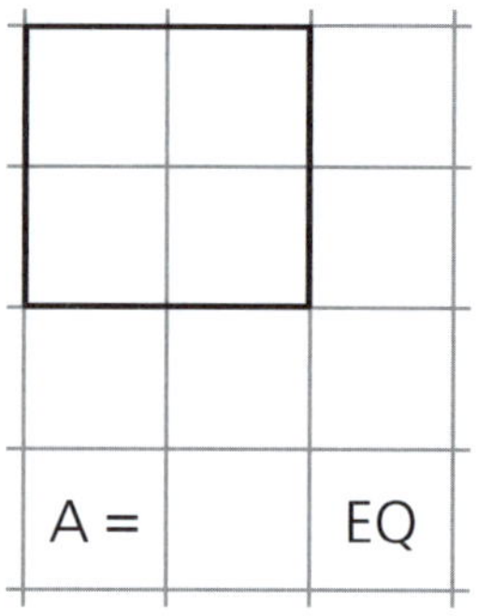

b)
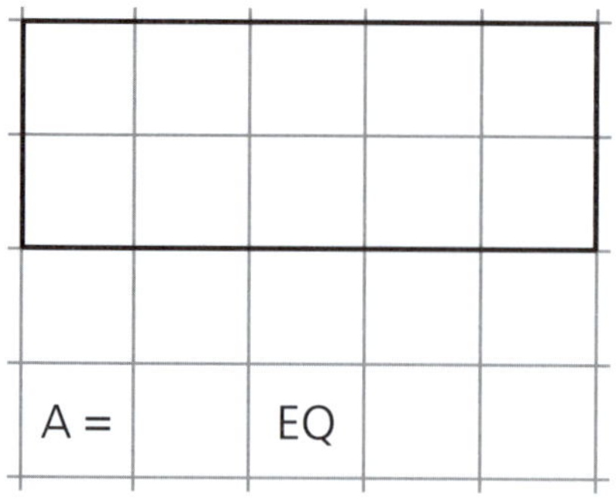

c)
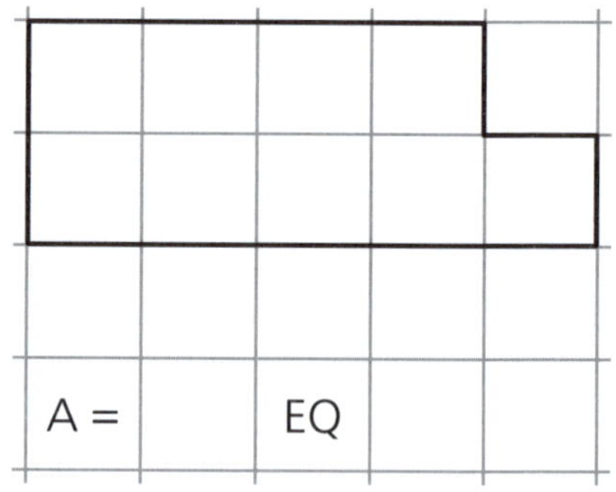

2. Zeichne eine Figur mit dem Flächeninhalt.

a)

b)

3. Wie groß ist der Umfang?

a)
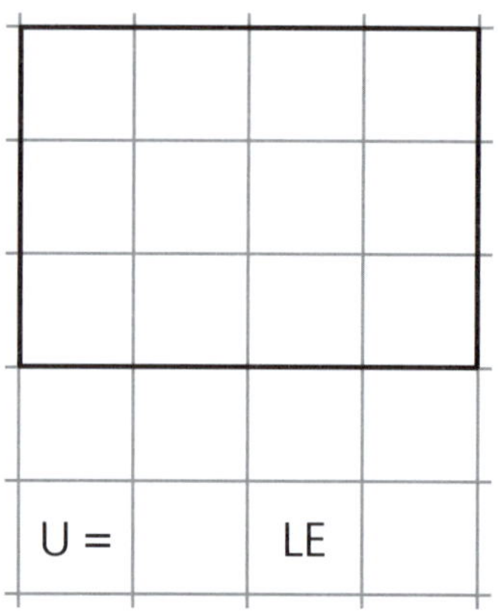

b)
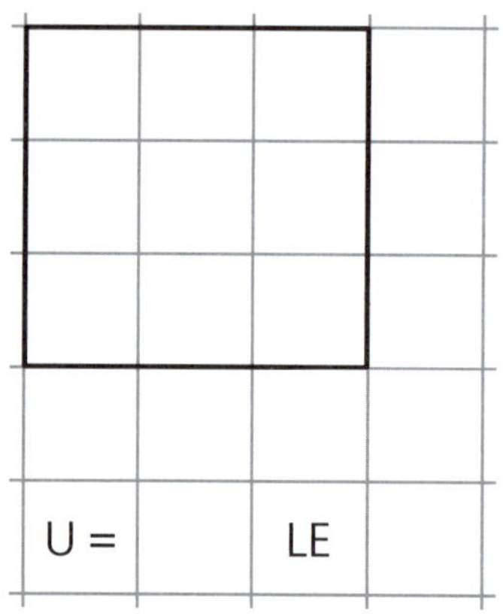

c)
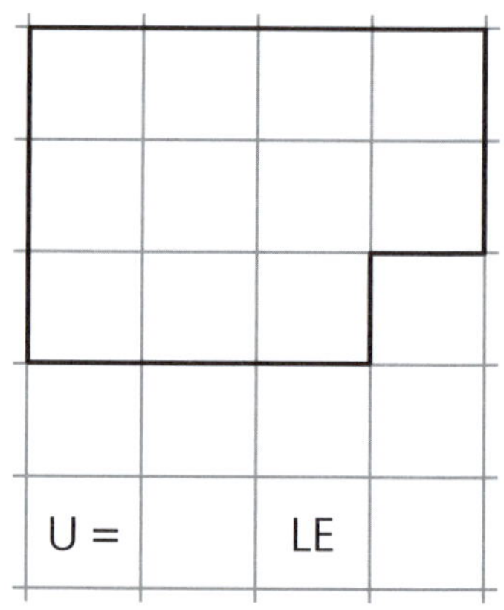

4. Zeichne eine Figur mit dem Umfang.

a)

b)
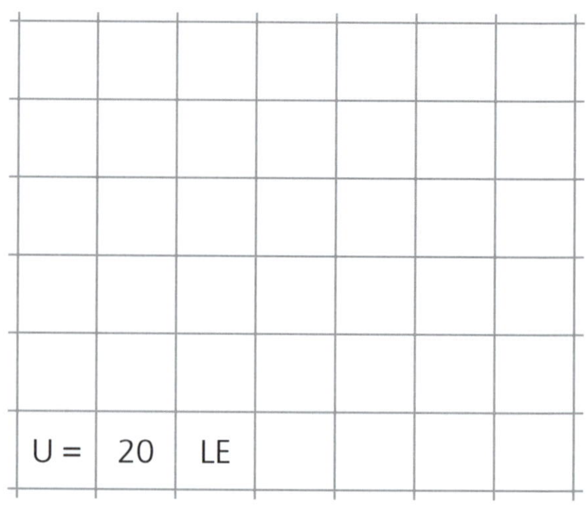

1–4 Ggf. Einheitsquadrate verwenden
2, 4 Mehrere Lösungen sind möglich

1. Zeichne die Figur vergrößert. Jede Linie soll doppelt so lang sein.

a)

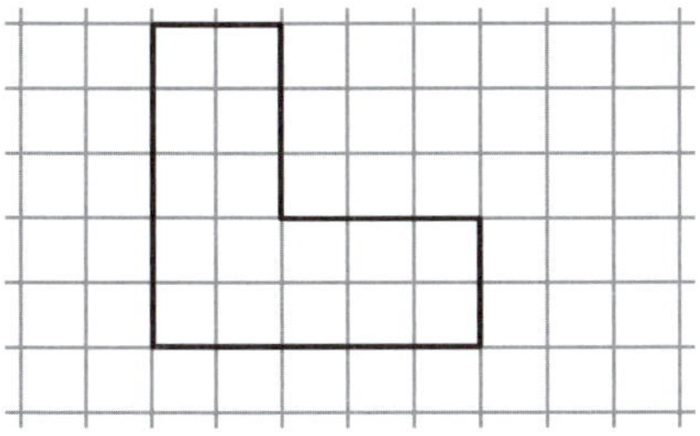

b)

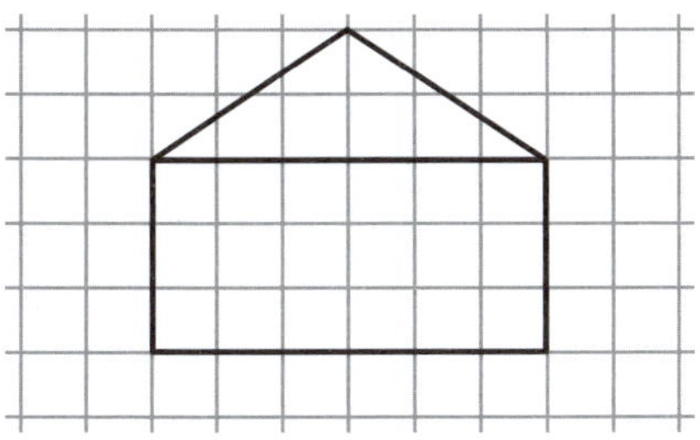

2. Zeichne die Figur verkleinert. Jede Linie soll halb so lang sein.

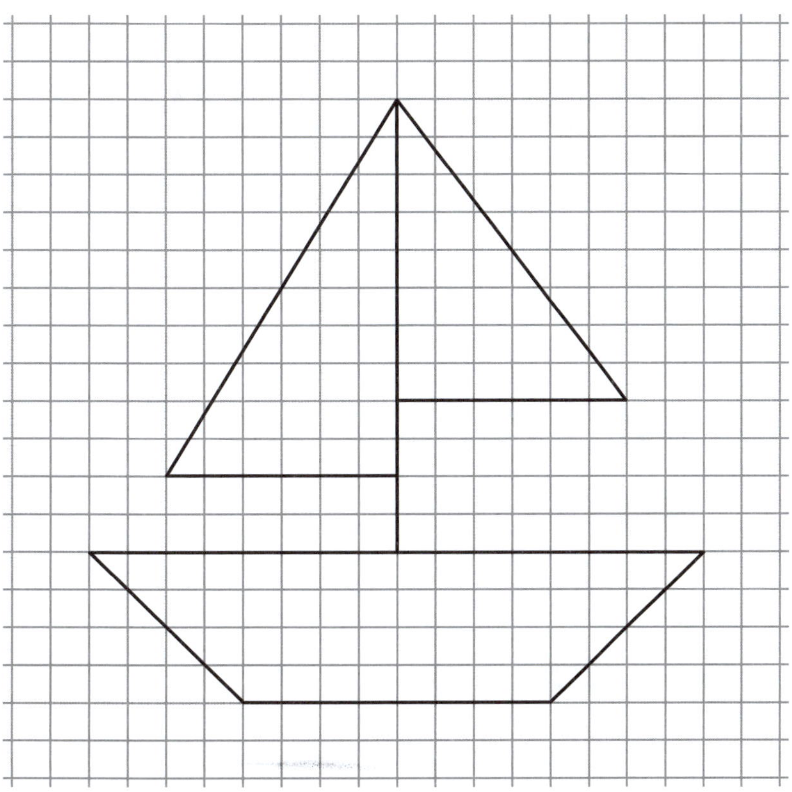

1. Kreuze symmetrische Wörter an.

a) OTTO ROTOR UMU

b) DICH EHE SOHO

c) ABBA DEO UHU

2. Nur bei einem Schild ist die Symmetrieachse richtig eingezeichnet. Kreuze an.

a)

b)

c)

3. Ergänze symmetrisch.

a)
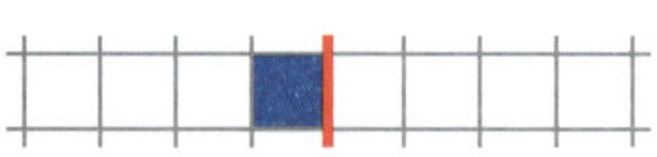
b)

c)
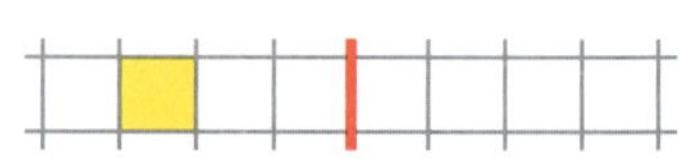

d)
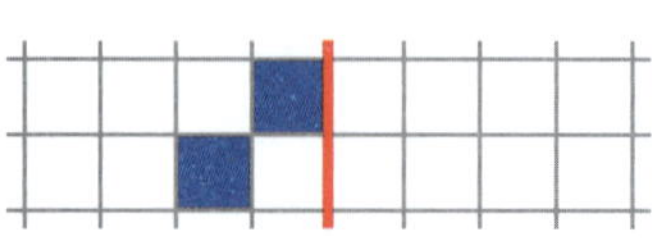
e)
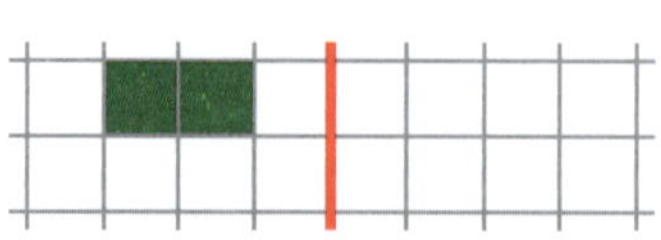
f)
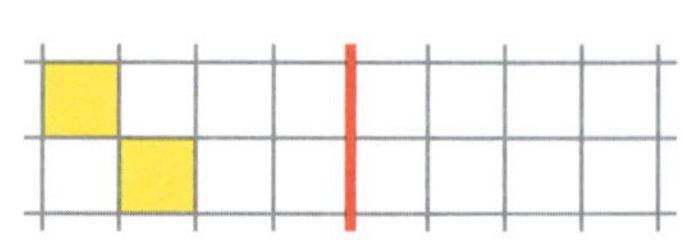

g)
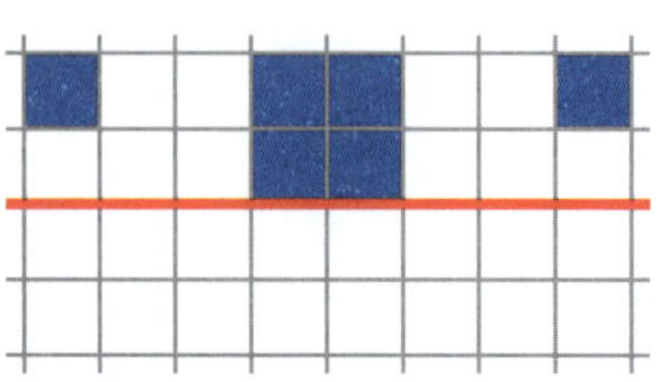
h)
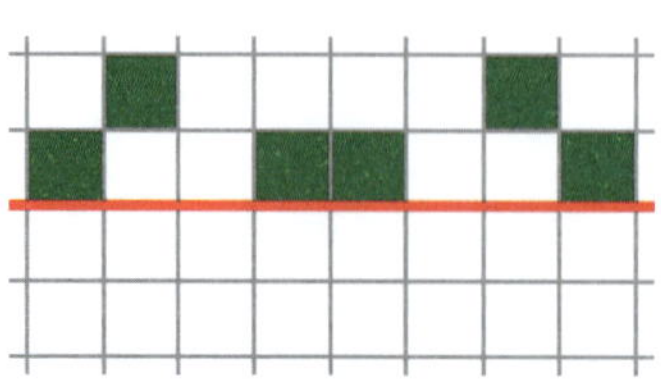
i)
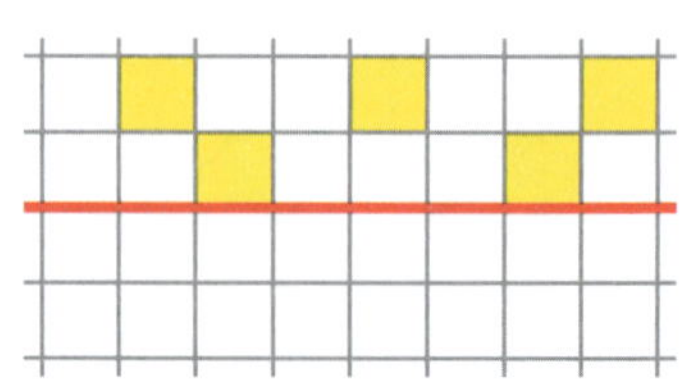

1, 2 Ggf. Kontrolle mit dem Spiegel
1–3 Ggf. Spiegel verwenden

1. Finde den Fehler. Kreise ein.

a) 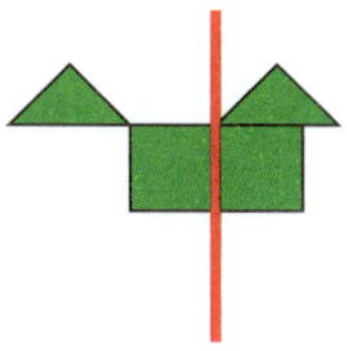
b) 
c) 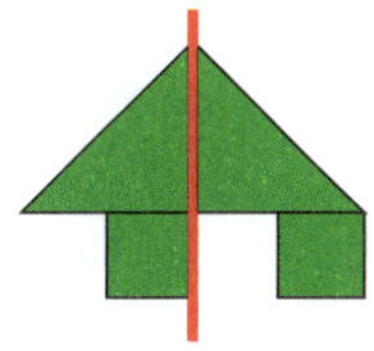
d) 

2. Ergänze die Punkte symmetrisch.

a) 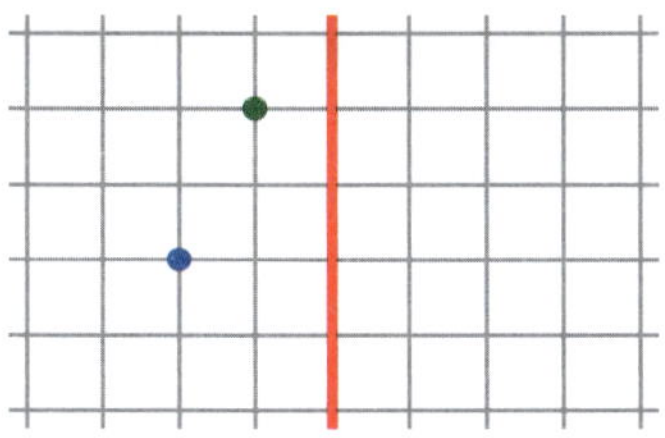
b) 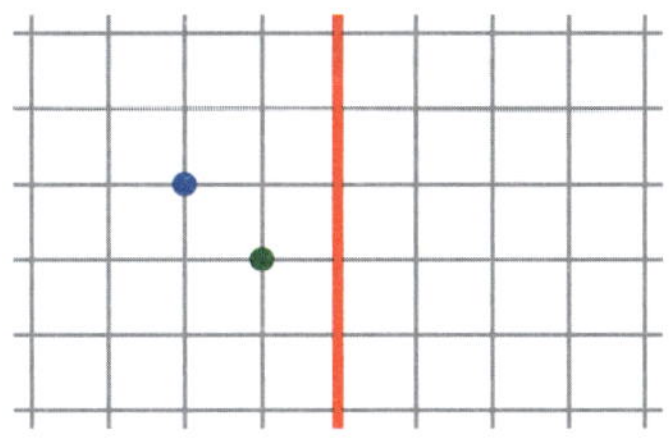
c) 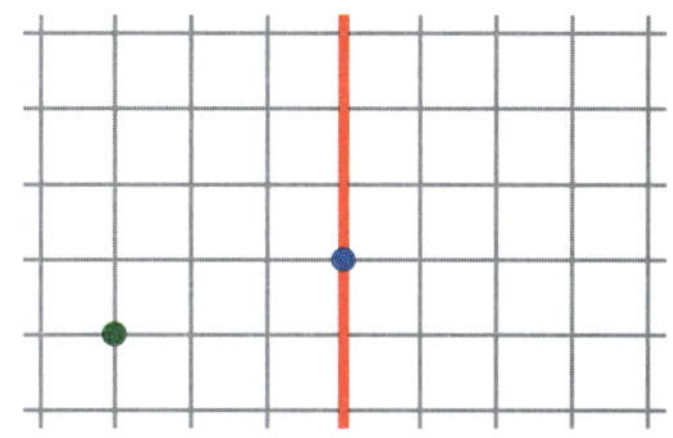
d) 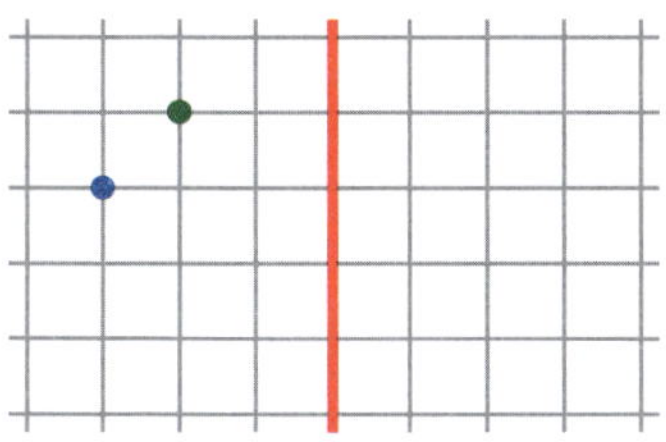
e) 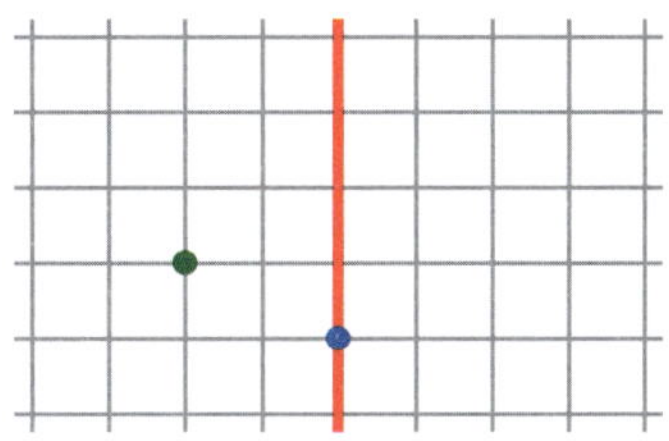
f) 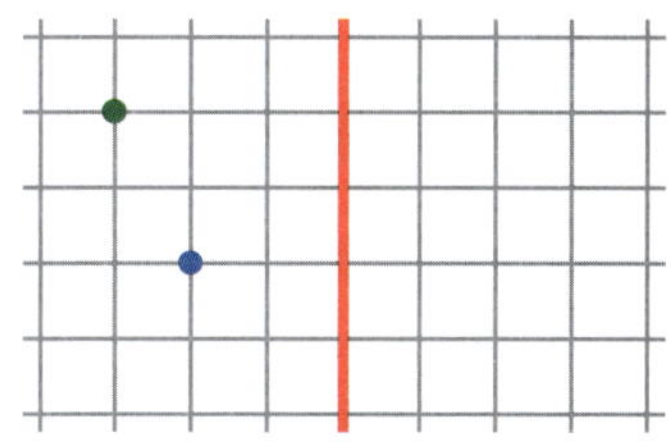

3. Ergänze die Punkte symmetrisch. Verbinde auf jeder Seite alle Punkte mit dem Lineal.

a) 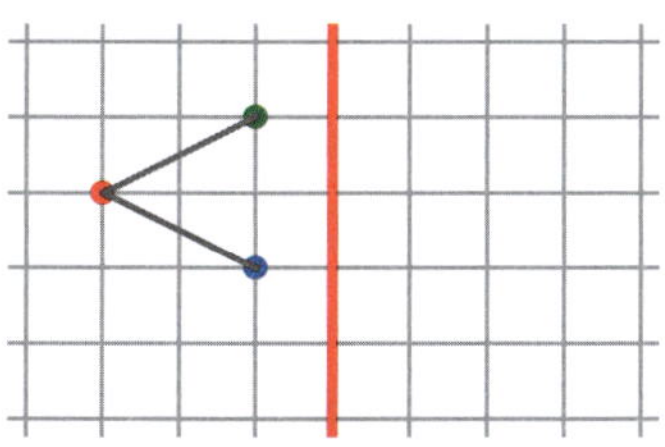
b) 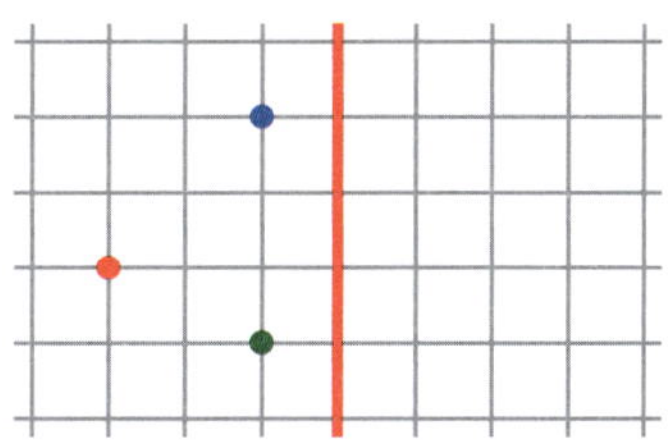
c) 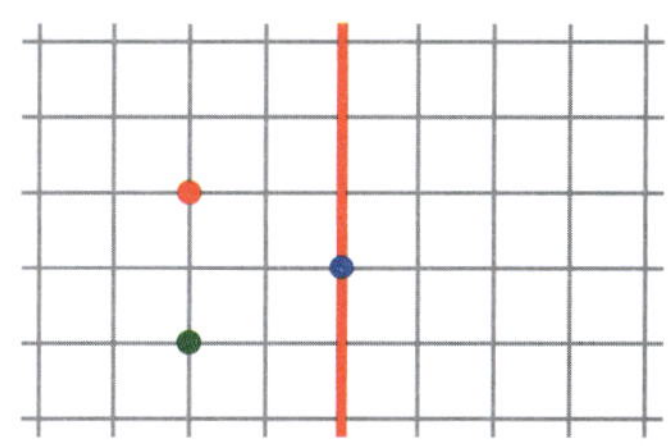
d) 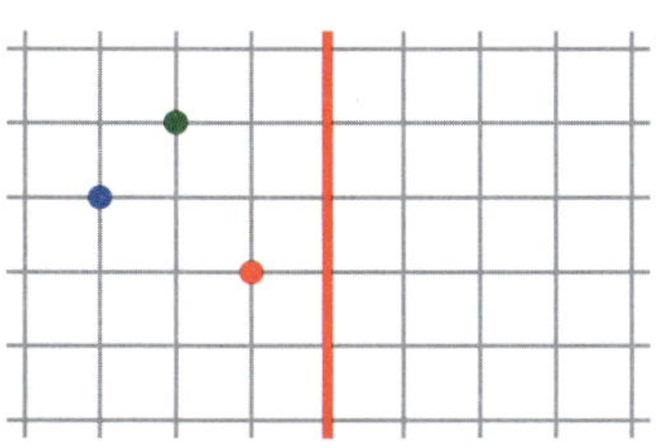
e) 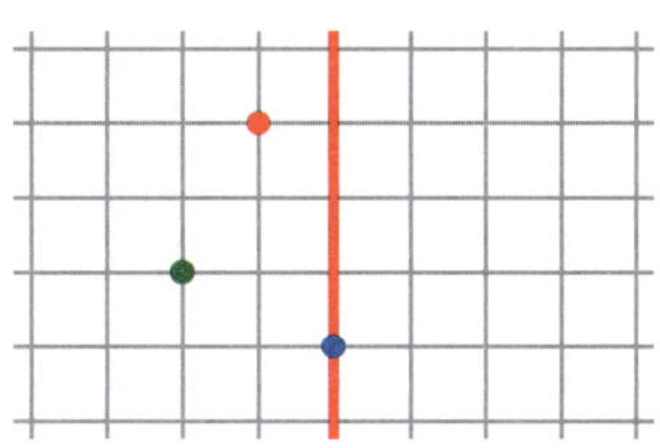
f) 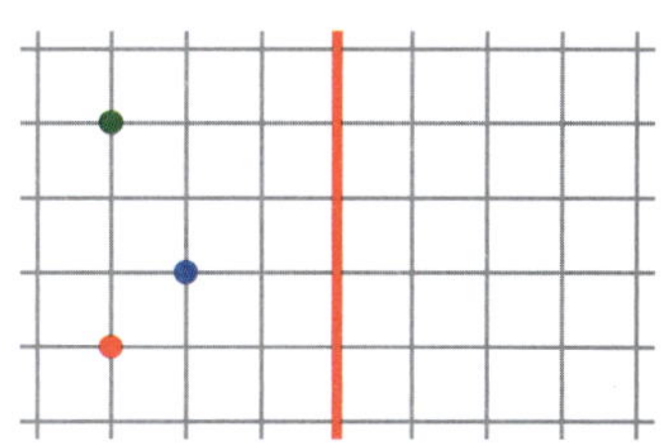

4. Markiere zuerst die Eckpunkte. Ergänze das Spiegelbild. Die Eckpunkte helfen dir.

a) 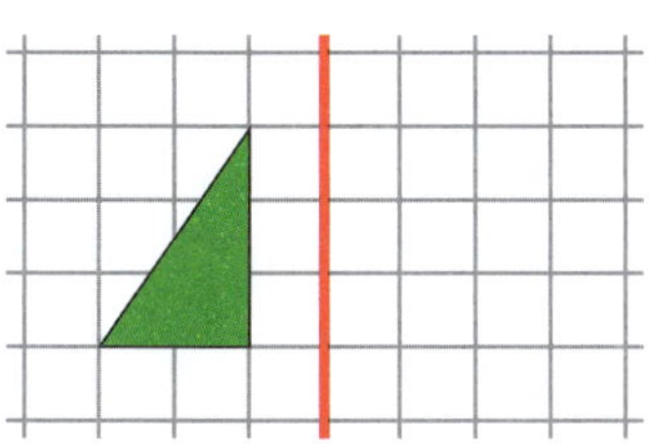
b) 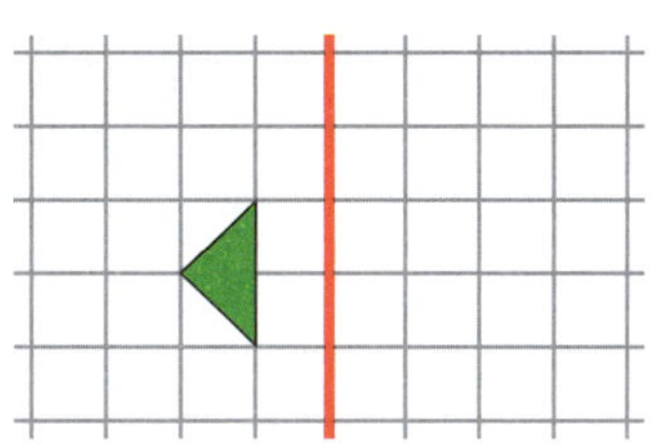
c) 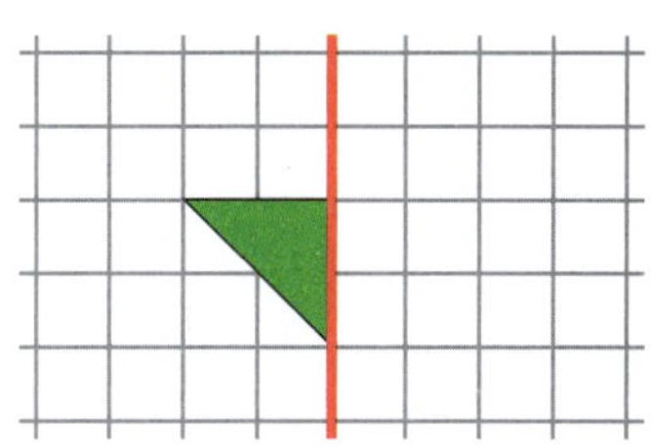
d) 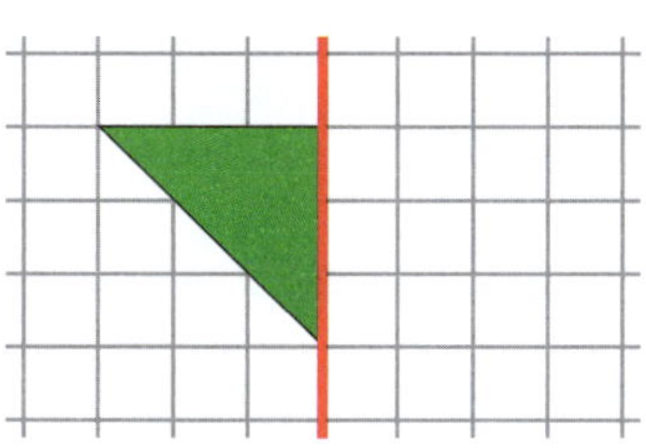
e) 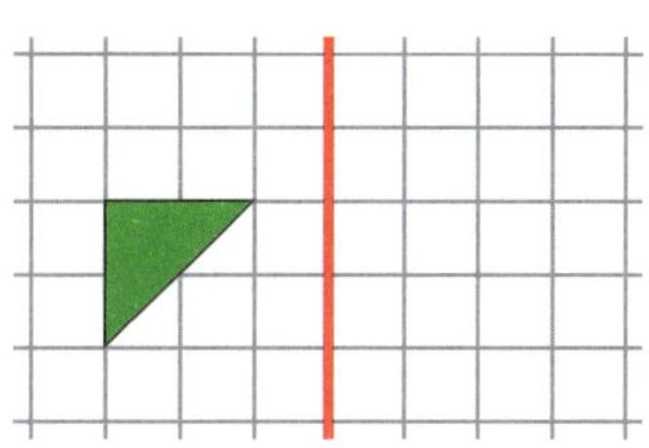
f) 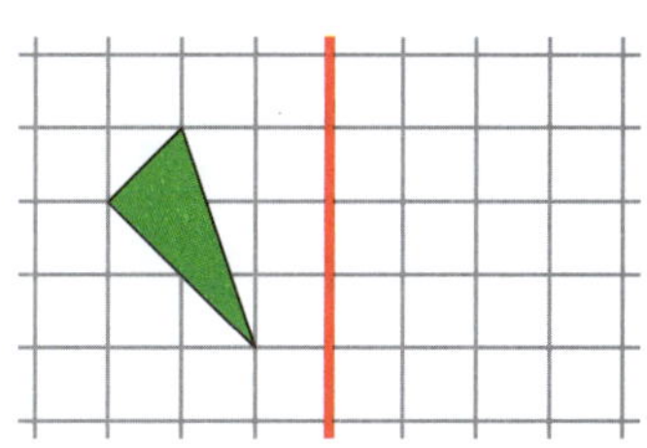

1 Mehrere Lösungen sind möglich
1–4 Ggf. Spiegel verwenden

1. Lege und addiere.

a)

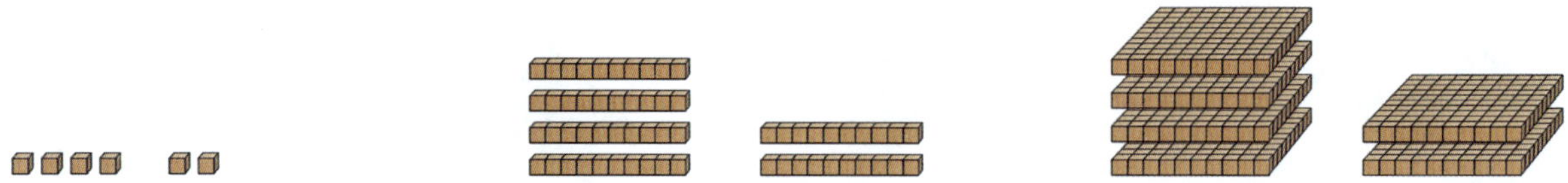

4 + 2 =   40 + 20 =   400 + 200 =

b)

3 + 4 =   30 + 40 =   300 + 400 =

2. Lege und addiere.

a) 600 + 200 =
300 + 100 =

b) 300 + 200 =
500 + 300 =

c) 500 + 400 =
700 + 100 =

d) 120 + 200 =
240 + 300 =

e) 213 + 300 =
324 + 100 =

f) 200 + 311 =
300 + 182 =

3. Lege und subtrahiere.

a)

3 − 1 =   30 − 10 =   300 − 100 =

b)

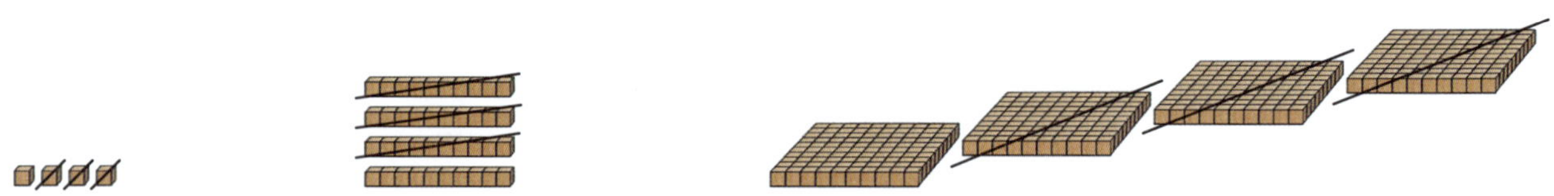

4 − 3 =   40 − 30 =   400 − 300 =

4. Lege und subtrahiere.

a) 600 − 300 =
500 − 400 =

b) 800 − 400 =
700 − 100 =

c) 600 − 500 =
900 − 700 =

d) 230 − 100 =
540 − 300 =

e) 342 − 200 =
413 − 100 =

f) 536 − 300 =
617 − 400 =

1. Lege und setze fort. Addiere.

254	+	10	=	
254	+	20	=	
254	+		=	
	+		=	
	+		=	
	+		=	
	+		=	
	+		=	
	+		=	
	+		=	

2. Lege und addiere.

a) 237 + 40 =

628 + 60 =

b) 451 + 70 =

784 + 50 =

c) 649 + 80 =

372 + 40 =

d) 10 + 563 =

60 + 276 =

3. Addiere und ordne die Fachbegriffe richtig zu.

427 + 30 =

________ ________ ________

2. Summand

Summe

1. Summand

4. Lege und setze fort. Subtrahiere.

342	–	10	=	
342	–	20	=	
342	–		=	
	–		=	
	–		=	
	–		=	
	–		=	
	–		=	
	–		=	
	–		=	

5. Lege und subtrahiere.

a) 364 – 20 =

786 – 50 =

b) 527 – 60 =

435 – 70 =

c) 214 – 80 =

632 – 40 =

d) 873 – 90 =

189 – 80 =

6. Subtrahiere und ordne die Fachbegriffe richtig zu.

367 – 20 =

________ ________ ________

Minuend

Differenz

Subtrahend

1, 2, 4, 5 Mehrsystemmaterial verwenden

zu Schülerbuchseite 33

1. Addiere.

a)
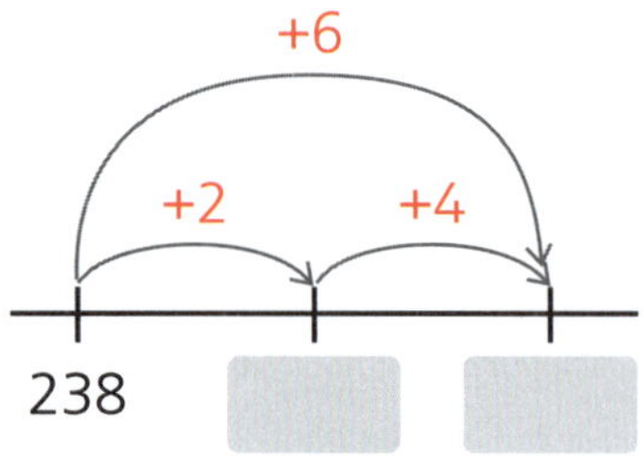

238 + 6 =

b)
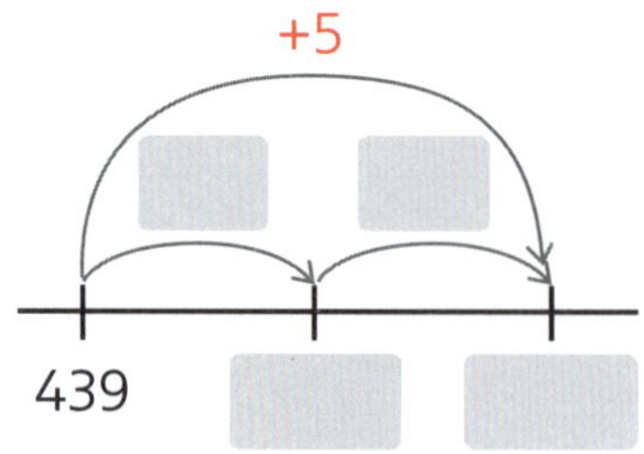

439 + 5 =

c)
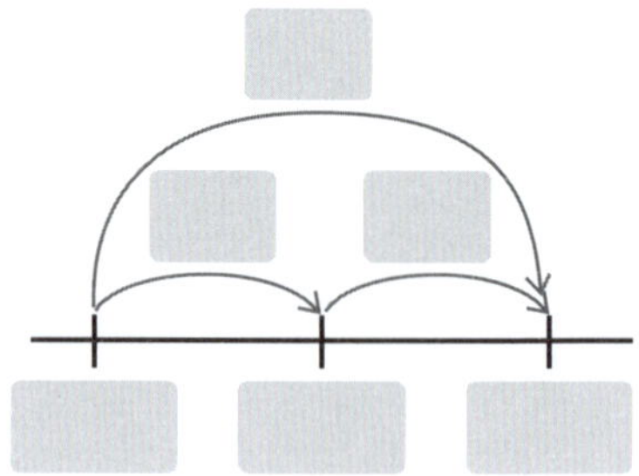

197 + 5 =

2. Addiere weiter.

a)
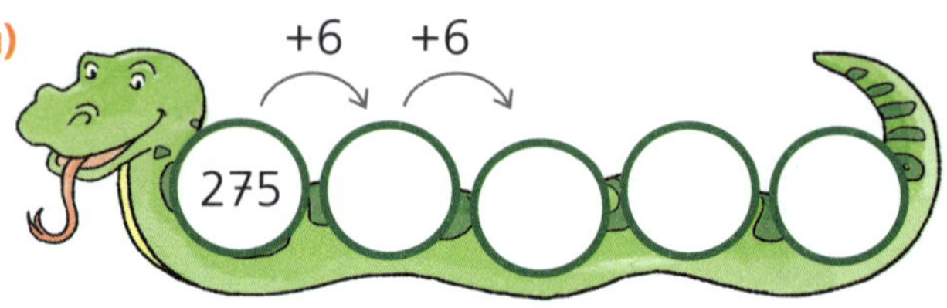

b)
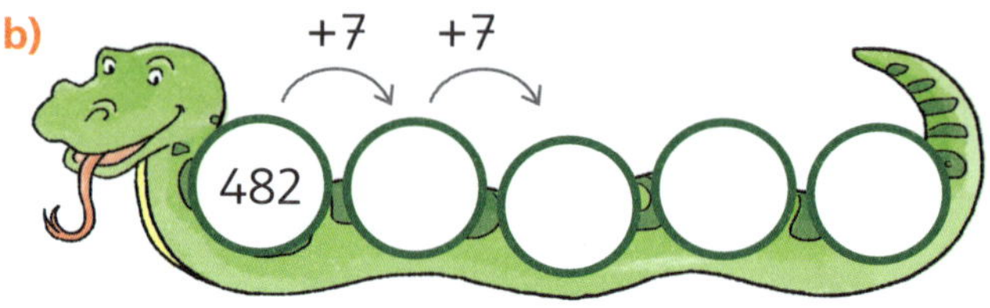

c)

3. Subtrahiere.

a)
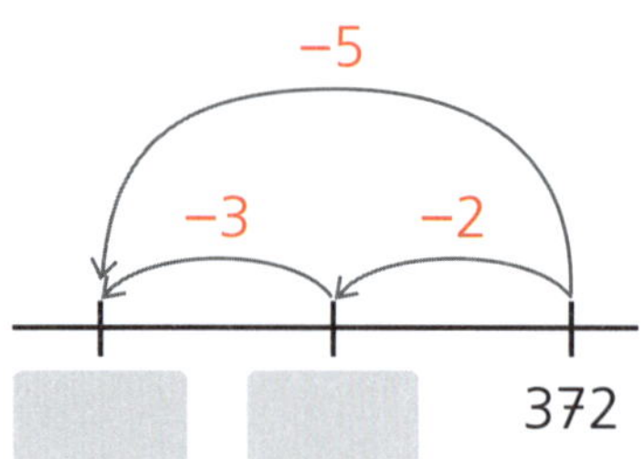

372 − 5 =

b)
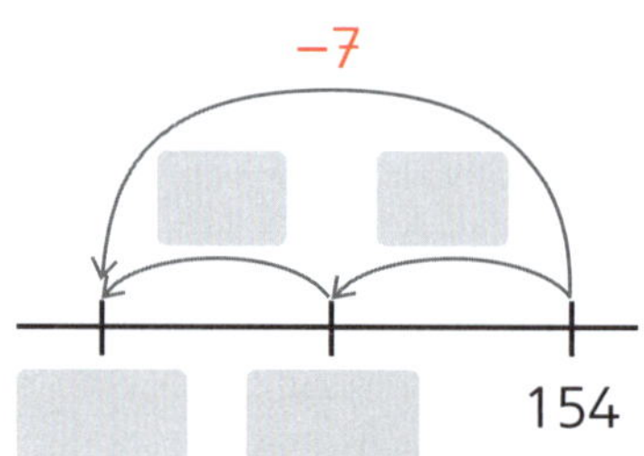

154 − 7 =

c)
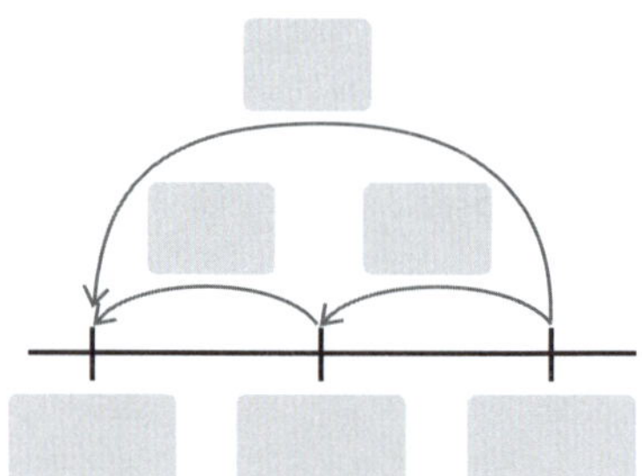

202 − 6 =

4. Subtrahiere weiter.

a)
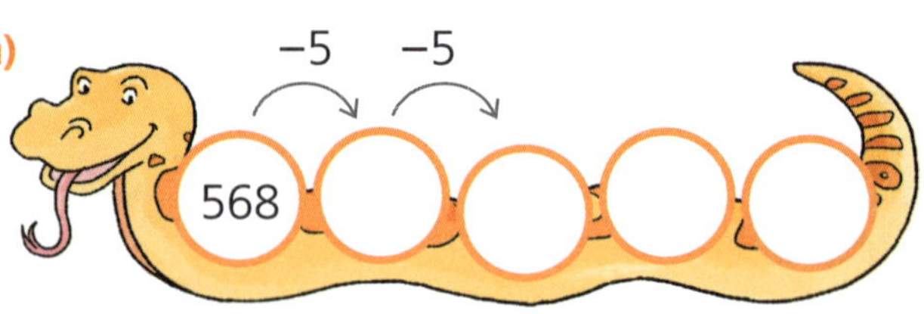

b)
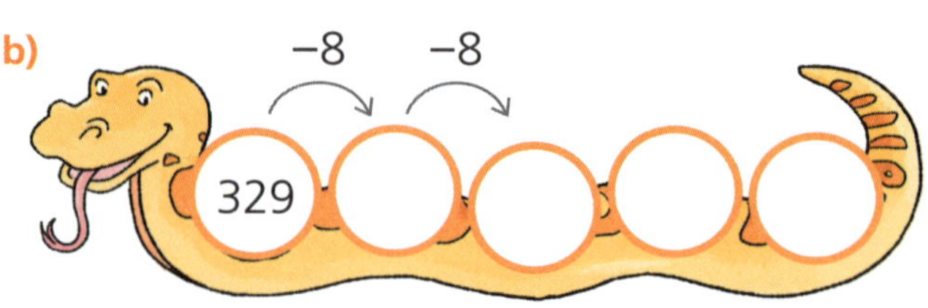

c)
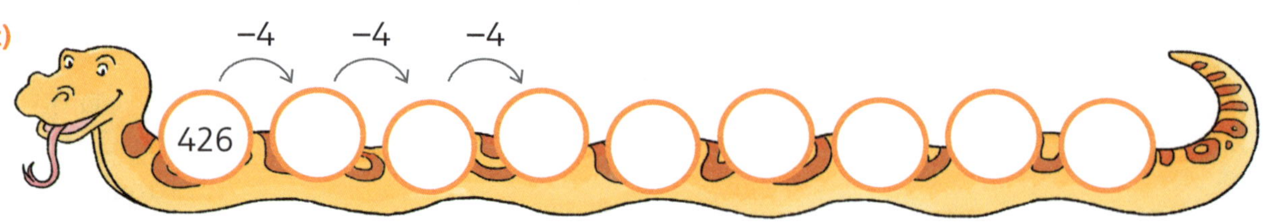

1. Trage ein und rechne.

a)
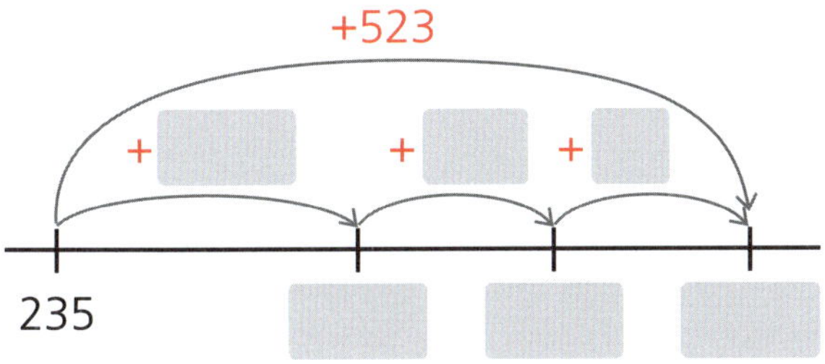

b)
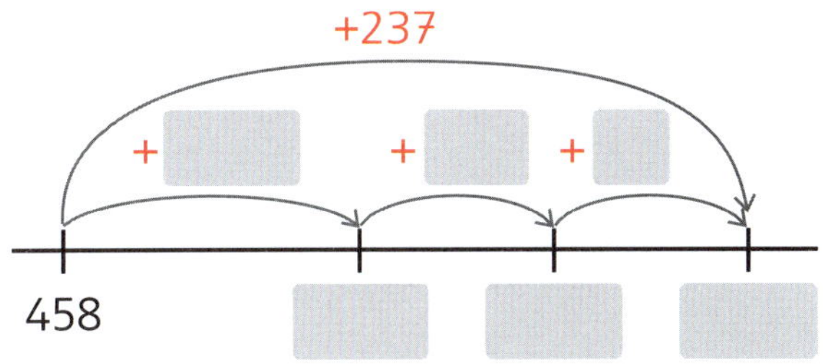

c)
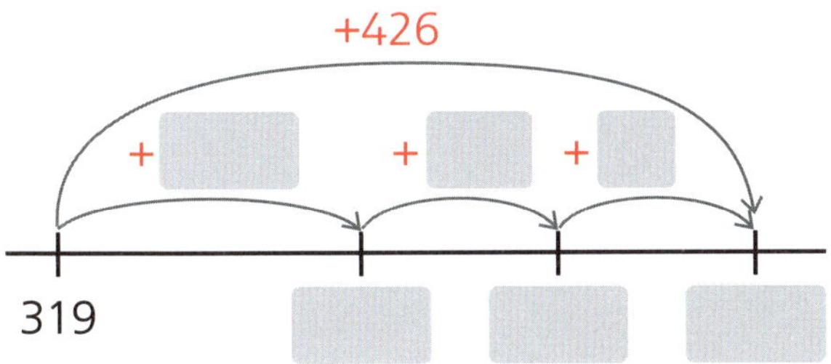

d)
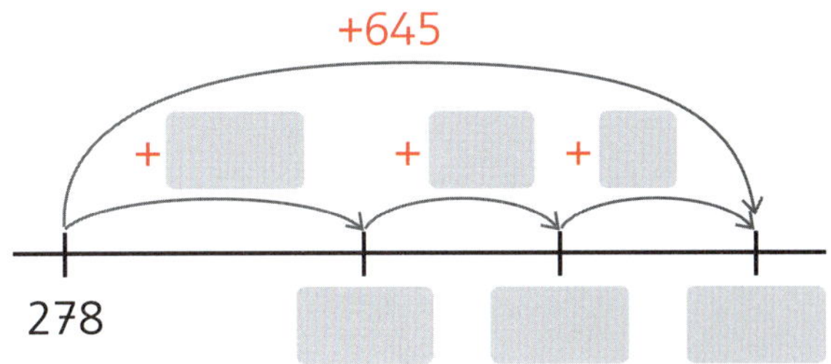

2. Rechne.

a) 537 + 241 =

537 + 200 =

\+ 40 =

\+ 1 =

b) 416 + 273 =

\+ =

\+ =

\+ =

c) 185 + 314 =

\+

\+

\+

d) 628 + 263 =

e) 574 + 142 =

f) 378 + 257 =

g) 533 + 170 =

h) 453 + 208 =

1. Trage ein und rechne.

a)
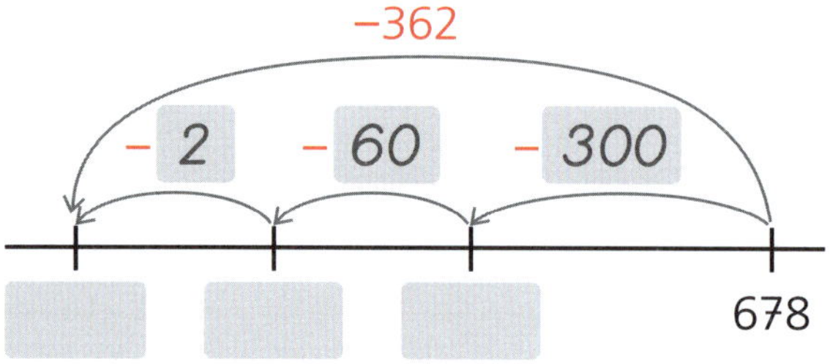

b)
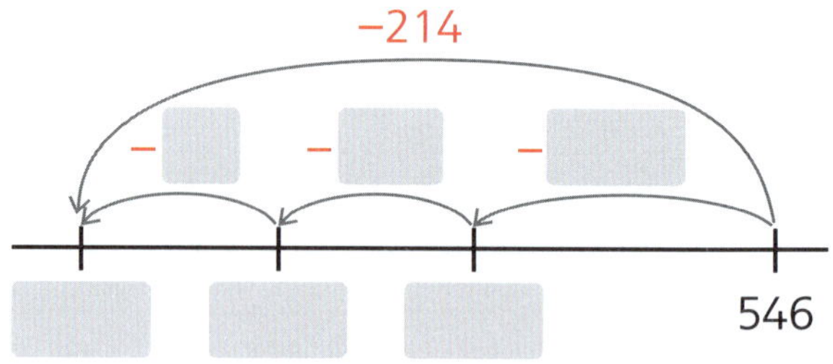

c)
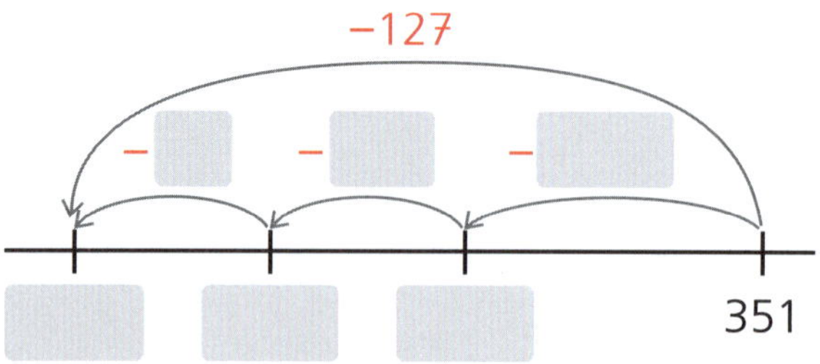

d)
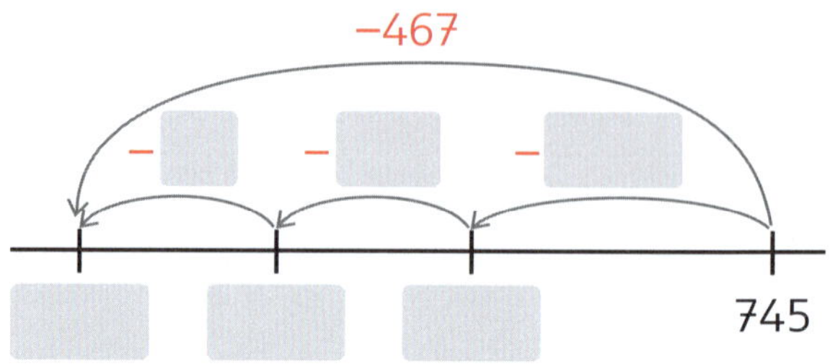

2. Rechne.

a) 356 − 124 =

− =

− =

− =

b) 639 − 417 =

− =

− =

− =

c) 457 − 234 =

d) 785 − 428 =

e) 524 − 118 =

f) 372 − 156 =

g) 934 − 680 =

h) 863 − 206 =

zu Schülerbuchseiten 39, 40

1. Verbinde und trage die Nachbarzehner (NZ) ein.
Welcher Nachbarzehner liegt näher an der Zahl? Unterstreiche.

a) 238

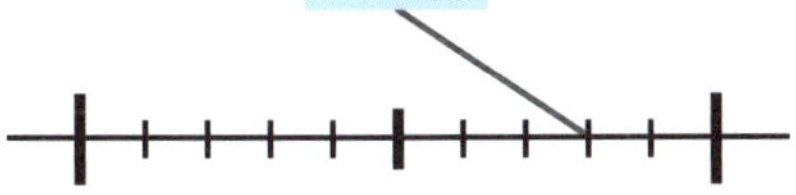

230   240

b) 241

c) 536

d) 93

e) 462

f) 377

2. Unterstreiche die Einer und runde auf Zehner.

a)	b)	c)	d)
137 ≈ 140	268 ≈	836 ≈	8 ≈
481 ≈	573 ≈	719 ≈	715 ≈
352 ≈	111 ≈	244 ≈	204 ≈
427 ≈	643 ≈	915 ≈	94 ≈

3. Verbinde und trage die Nachbarhunderter (NH) ein.
Welcher Nachbarhunderter liegt näher an der Zahl? Unterstreiche.

a) 287

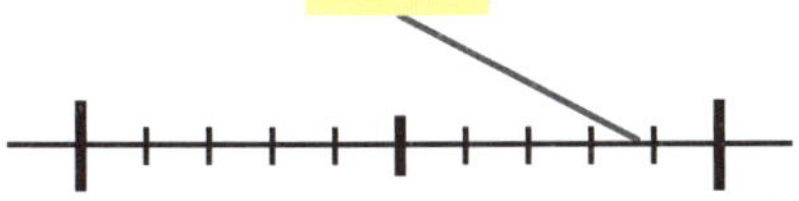

200   300

b) 613

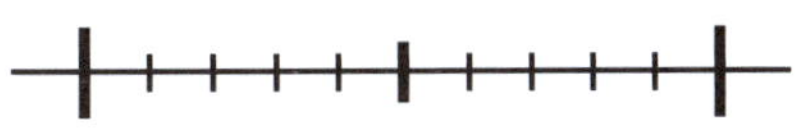

c) 392

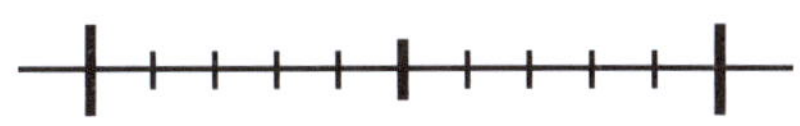

d) 546

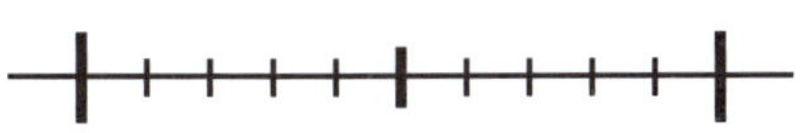

e) 95

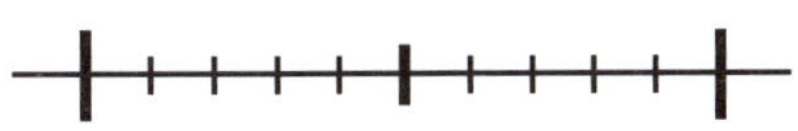

f) 751

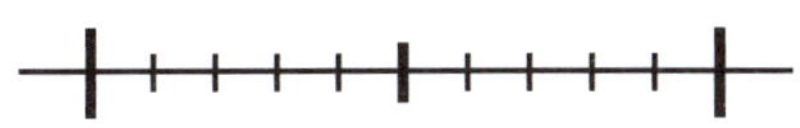

4. Unterstreiche die Zehner und runde auf Hunderter.

a)	b)	c)	d)
692 ≈ 700	187 ≈	436 ≈	704 ≈
324 ≈	739 ≈	855 ≈	499 ≈
517 ≈	207 ≈	83 ≈	3 ≈
111 ≈	320 ≈	649 ≈	94 ≈

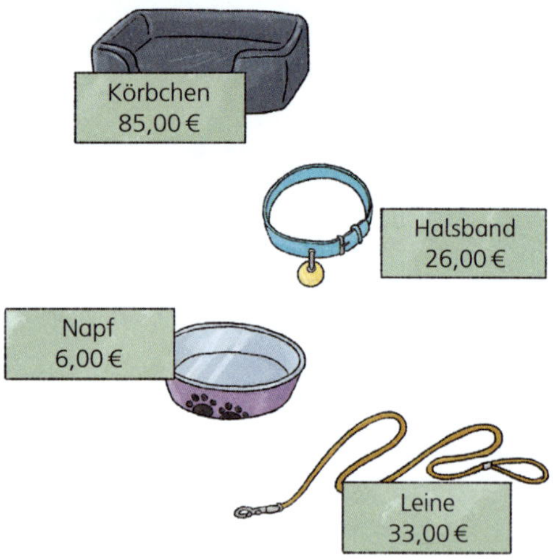

Mein neuer Hund
Ein Hund benötigt sehr viel Zeit. Für das Spazierengehen und Spielen müssen am Tag insgesamt mindestens 2 Stunden eingeplant werden.
Für eine Gassirunde braucht man ein Halsband und eine Leine. Im Haus sollte der Hund ein Körbchen bekommen, damit er sich ausruhen kann.
Das Futter kostet in der Woche etwa 15 €.
Hinzu kommen aber auch noch Kosten für den Tierarzt.

1. Wo kannst du die passende Information finden? Kreuze an und notiere die Lösungshilfe.

a) Wie viel kostet das Halsband? ☒ im Bild ○ im Text L: *Halsband: 26,00 €* __________

b) Wie viel kostet das Futter pro Woche? ○ im Bild ○ im Text L: __________

c) Wie viel kostet ein Körbchen? ○ im Bild ○ im Text L: __________

d) Wo kann sich der Hund ausruhen? ○ im Bild ○ im Text L: __________

e) Wie viel Zeit muss am Tag eingeplant werden? ○ im Bild ○ im Text L: __________

f) Was braucht man für die Gassirunde? ○ im Bild ○ im Text L: __________

g) Wie viel kostet ein Napf? ○ im Bild ○ im Text L: __________

2. Löse die Sachaufgabe.

a) Max will jeden Nachmittag mit dem Hund eine Stunde spazieren gehen. Wie viele Stunden sind es in einer Woche?

L: __________

R:

A: __________

b) Max kauft für seinen neuen Hund eine Leine und einen Napf. Wie viel muss er bezahlen?

L: __________

R:

A: __________

1. Zeichne den Rechenstrich und ergänze.

a) 550 + ▪ = 600

550 600

5 5 0 + ____ = 6 0 0

b) 380 + ▪ = 400

380 400

3 8 0 + ____ = 4 0 0

2. Ergänze.

a) 460 + ____ = 500
160 + ____ = 200

b) 720 + ____ = 800
620 + ____ = 700

c) 940 + ____ = 1 000
40 + ____ = 100

3. Zeichne den Rechenstrich und ergänze.

a) 360 + ▪ = 500

360 400 500

3 6 0 + ____ + ____ = 5 0 0

3 6 0 + ____ = 5 0 0

b) 300 + ▪ = 560

300 500 560

3 0 0 + ____ + ____ = 5 6 0

3 0 0 + ____ = 5 6 0

4. Ergänze.

a) 350 + ____ = 500
350 + ____ + ____ = 500

b) 590 + ____ = 800
590 + ____ + ____ = 800

c) 200 + ____ = 430
200 + ____ + ____ = 430

d) 600 + ____ = 990
600 + ____ + ____ = 990

5. Rechne zuerst die Subtraktionsaufgabe.

a) ____ + 50 = 200
200 − 50 = ____

b) ____ + 80 = 600
600 − 80 = ____

c) ____ + 30 = 900
900 − 30 = ____

d) ____ + 150 = 450
450 − 150 = ____

e) ____ + 120 = 520
520 − 120 = ____

f) ____ + 130 = 410
410 − 130 = ____

1. Zeichne den Rechenstrich und ergänze.

a) 750 – ■ = 700

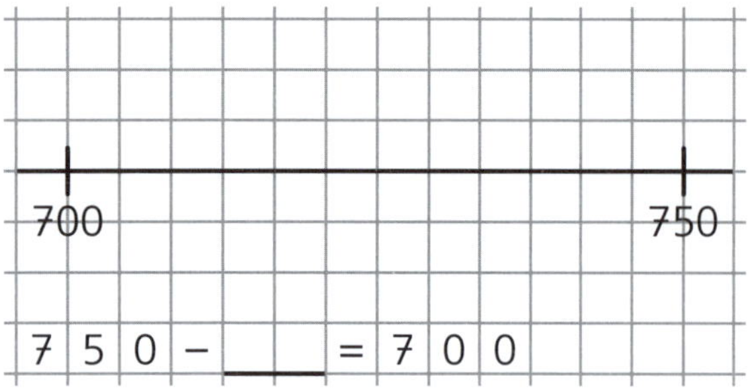

b) 380 – ■ = 300

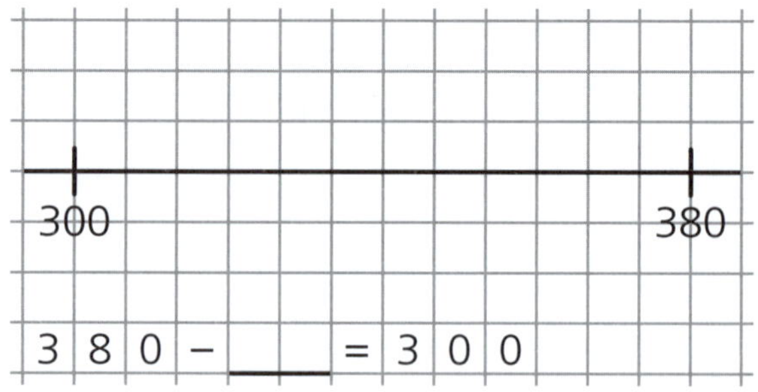

c) 560 – ■ = 400

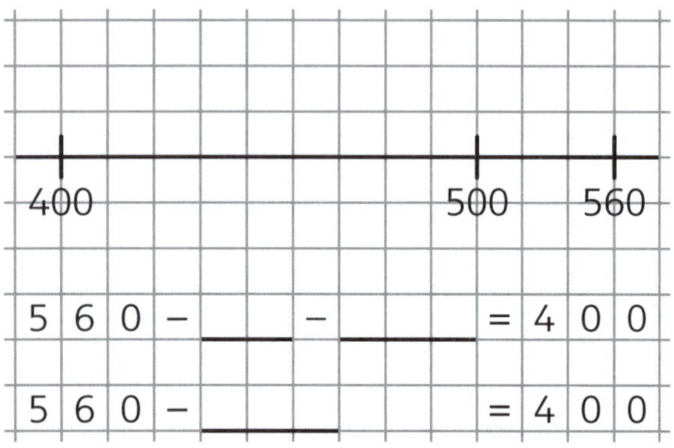

d) 630 – ■ = 200

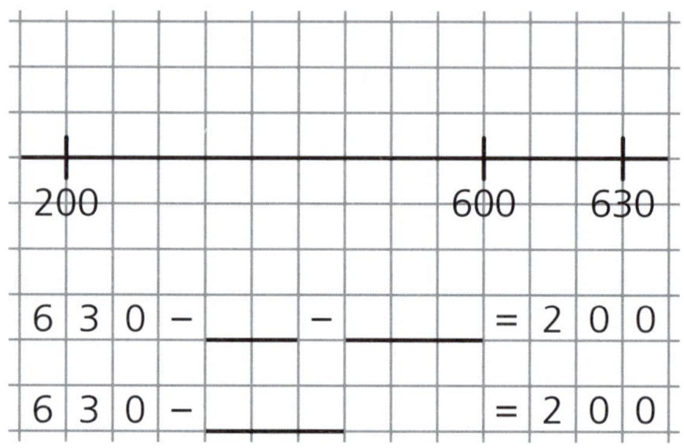

2. Rechne zuerst die Ergänzungsaufgabe.

a)

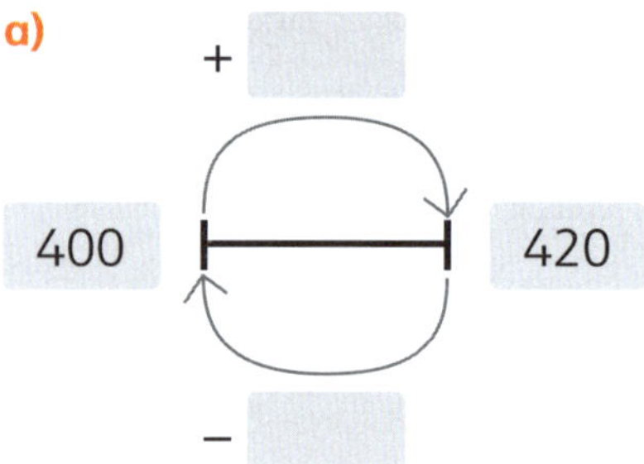

420 – ____ = 400
400 + ____ = 420

b)

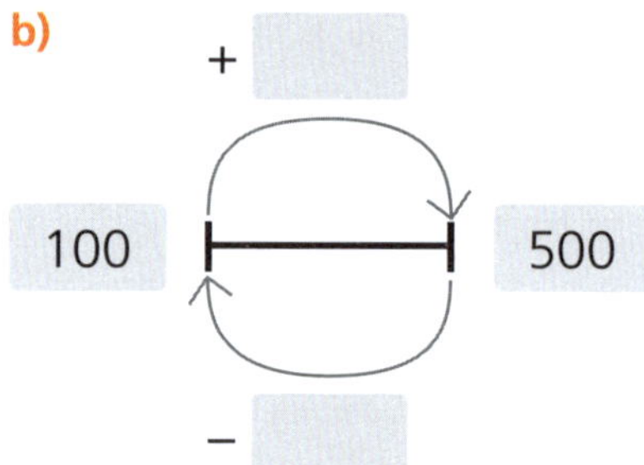

500 – ____ = 100
100 + ____ = 500

c)

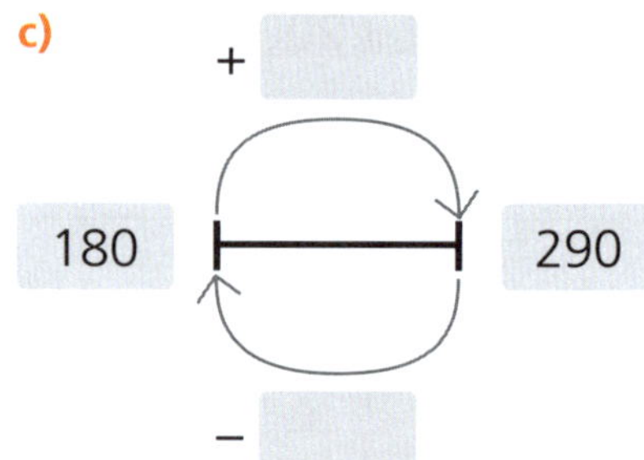

290 – ____ = 180
180 + ____ = 290

3. Rechne zuerst die Umkehraufgabe.

a)

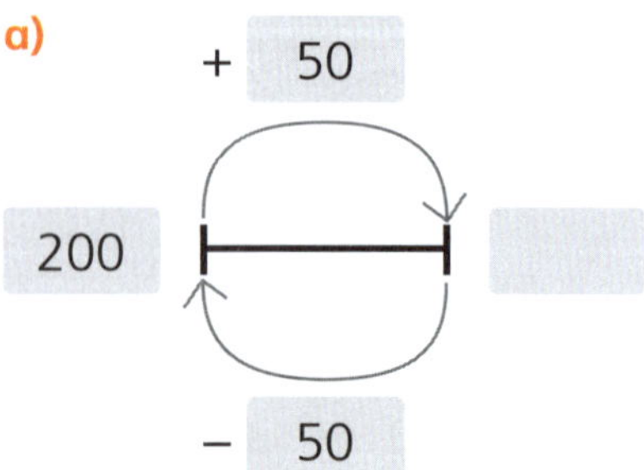

____ – 50 = 200
200 + 50 = ____

b)

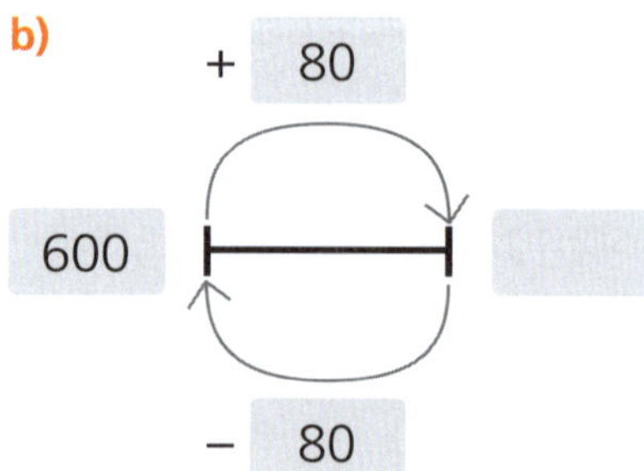

____ – 80 = 600
600 + 80 = ____

c)

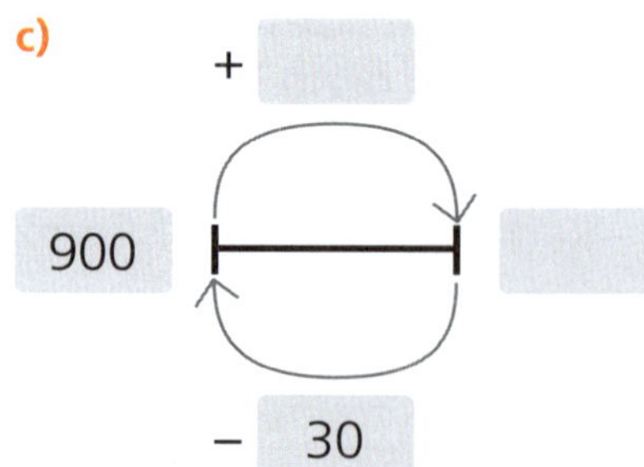

____ – 30 = 900
900 + 30 = ____

1. Wie viele Euro und Cent sind es? Tausche immer 100 ct gegen 1 €.

a)

___ € ___ ct

b)
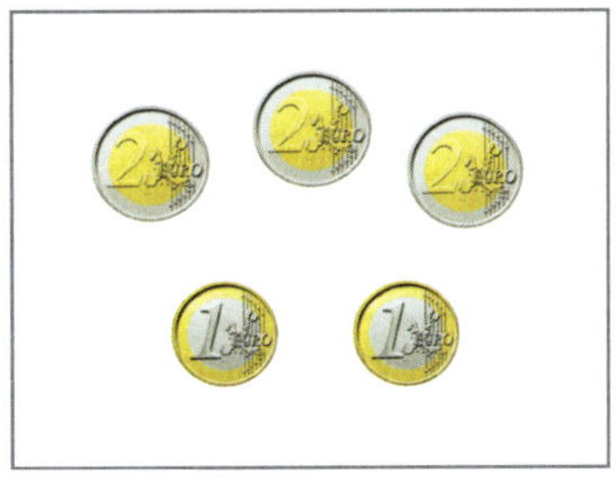

___ € ___ ct

c)
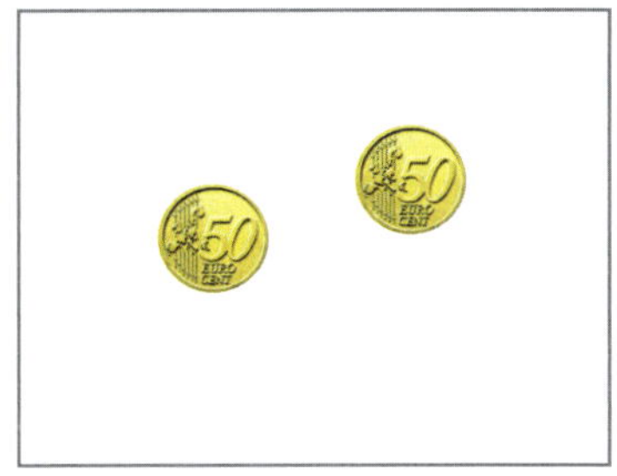

___ € ___ ct

d)
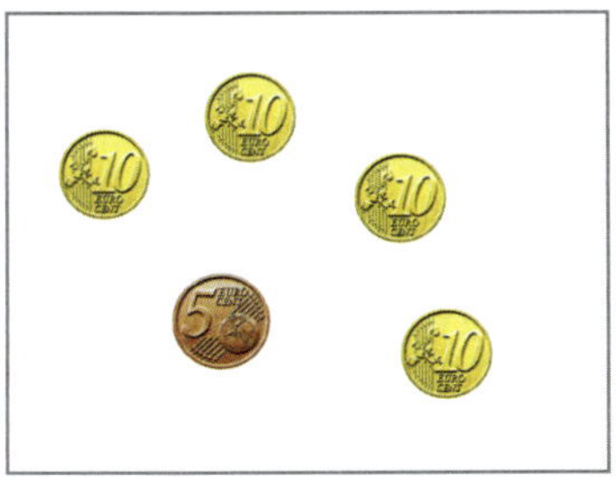

___ € ___ ct

e)

___ € ___ ct

f)

___ € ___ ct

2. Berechne die Summe.

a) 200 € + 100 € = ___

300 € + 200 € = ___

600 € + 100 € = ___

b) 50 € + 50 € = ___

80 € + 10 € = ___

520 € + 60 € = ___

3. Berechne die Differenz.

700 € – 200 € = ___

280 € – 50 € = ___

220 € – 40 € = ___

4. Ergänze.

a) 610 € + ___ € = 700 €

460 € + ___ € = 500 €

980 € + ___ € = 1 000 €

b) ___ € + 70 € = 400 €

___ € + 10 € = 600 €

___ € + 50 € = 800 €

5. Wandle um. Schreibe auf drei Arten. Tausche, wenn nötig.

a)

gemischte Schreibweise	Kommaschreibweise	Schreibweise in Cent
6 € 0 ct		
	0,60 €	
		100 ct
0 € 20 ct		
		200 ct
	5,10 €	

b)

gemischte Schreibweise	Kommaschreibweise	Schreibweise in Cent
	0,05 €	
		300 ct
4 € 100 ct		
	10,50 €	
		3 ct
12 € 75 ct		

zu Schülerbuchseite 48

1. Berechne die Summe.

a)
1,00 € + 2,00 € = ___
7,00 € + 2,00 € = ___
10,00 € + 20,00 € = ___
31,00 € + 8,00 € = ___

b)
14,50 € + 35,00 € = ___
22,00 € + 12,60 € = ___
9,00 € + 2,10 € = ___
46,30 € + 50,00 € = ___

2. Berechne die Differenz.

a)
6,00 € – 2,00 € = ___
55,00 € – 12,00 € = ___
20,00 € – 10,00 € = ___
31,00 € – 9,00 € = ___

b)
56,80 € – 10,00 € = ___
25,60 € – 13,00 € = ___
89,80 € – 2,10 € = ___
71,30 € – 1,20 € = ___

3. Berechne den Unterschied.

a)

Mira hat ___ €. Max hat ___ €.
Unterschied: ___ €.

b)

Emma hat ___ €. Tim hat ___ €.
Unterschied: ___ €.

c)

Emma hat ___ €. Max hat ___ €.
Unterschied: ___ €.

d)

Hanna hat ___ €. Tim hat ___ €.
Unterschied: ___ €.

4. Lege 15 € mit einem Geldschein und drei Münzen. Male.

1. Überschlage und rechne dann genau.

a) 90 + 180

Ü: 100 + 200 =

R: 90 + 180 =

b) 220 + 190

Ü: 200 + 200 =

R: 220 + 190 =

c) 360 + 120

Ü: + =

R: 360 + 120 =

d) 430 − 310

Ü: − =

R: 430 − 310 =

2. Welches Ergebnis könnte stimmen? Überschlage und kreuze an.

a) 89 + 70

__ + __ = __

○ 259 ○ 159 ○ 59

b) 210 + 180

__ + __ = __

○ 390 ○ 190 ○ 290

c) 590 + 170

__ + __ = __

○ 660 ○ 860 ○ 760

d) 630 − 320

__ − __ = __

○ 310 ○ 410 ○ 210

e) 980 − 90

__ − __ = __

○ 990 ○ 790 ○ 890

f) 340 − 110

__ − __ = __

○ 330 ○ 230 ○ 30

3. Tim kauft für seine Eltern ein. Wie viel Geld kostet es?
Überschlage zuerst. Prüfe dann durch genaue Rechnung.

Einkaufszettel
Tomaten (3,50 €)
Käse (4,50 €)
Wurst (3,00 €)
Salat (2,00 €)

1. Welcher Rechenbaum passt zur Aufgabe? Kreuze an.

a) Max hat für 16,80 € eingekauft. Er hat einen Pfandbon für 2,25 € und zahlt mit 20 €. Wie viel Rückgeld bekommt er?

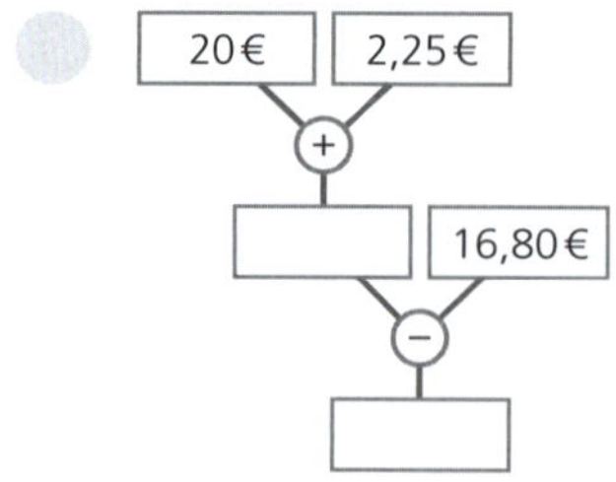

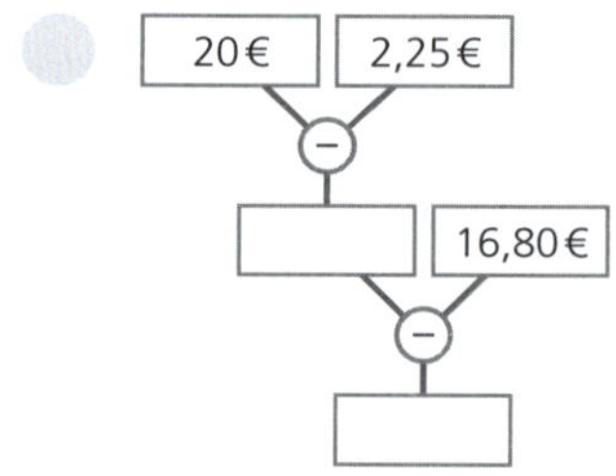

b) In einem Schulbus mit 50 Sitzplätzen sitzen 20 Mädchen und 15 Jungen. Bei der nächsten Haltestelle steigen 10 Kinder ein. Wie viele freie Sitzplätze gibt es noch?

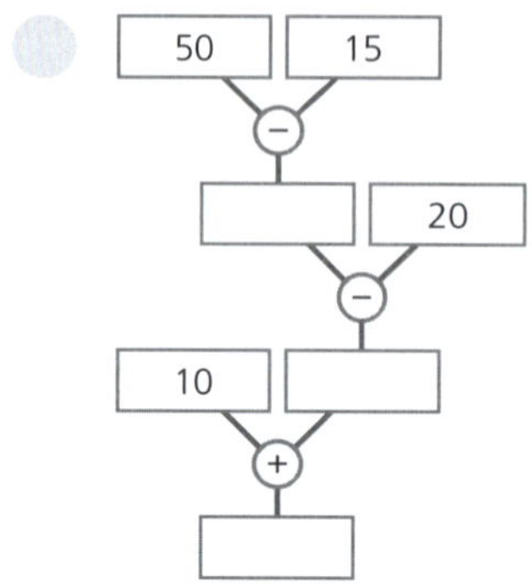

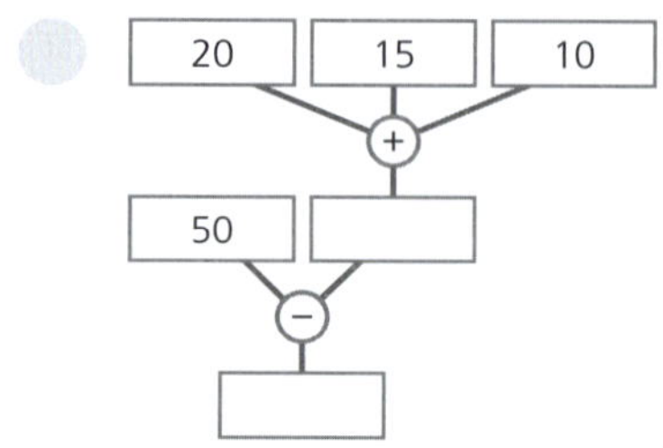

c) Max geht mit 10 € zum Einkaufen. Er kauft Obst für 5 € und ein Brot für 4 €. Wie viel Rückgeld bekommt er?

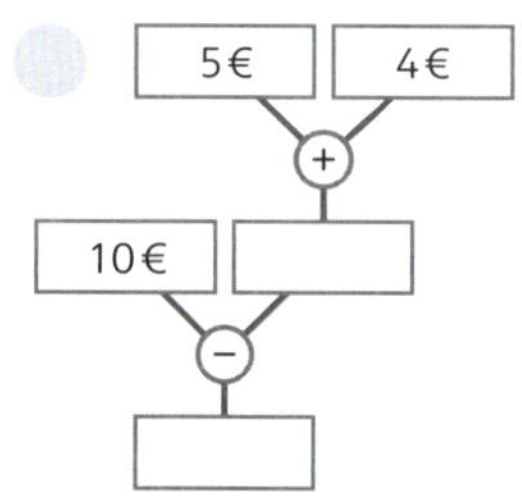

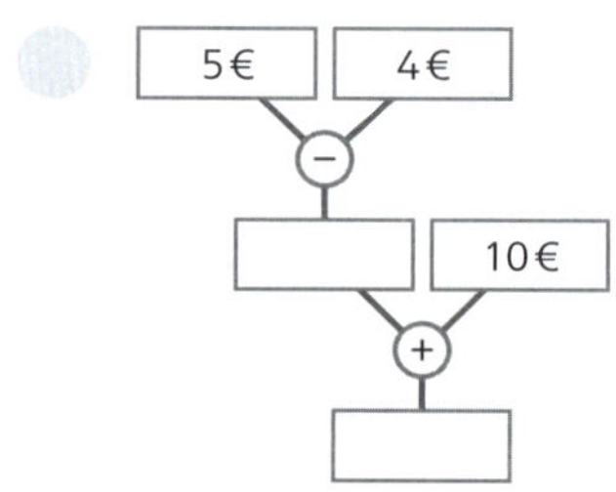

2. Welcher Rechenbaum passt zur Aufgabe? Kreuze an und löse dann die Aufgabe.

Auf einem Bauernhof gibt es 10 Hühner und 20 Schafe. Wie viele Beine haben die Tiere zusammen?

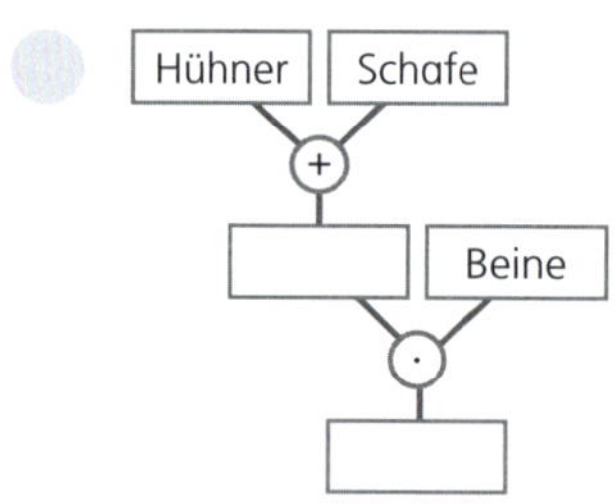

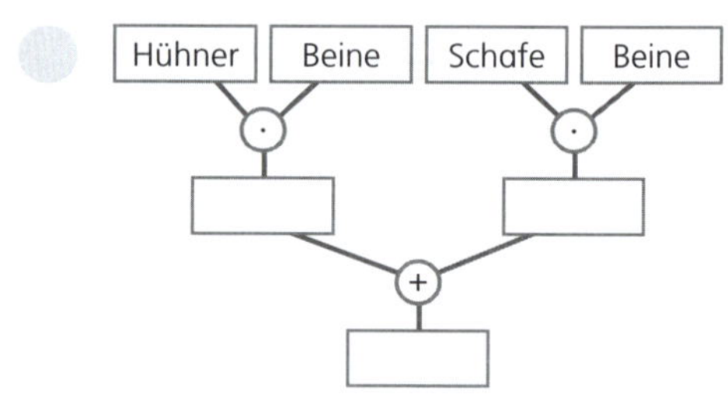

1 Die Kinder haben 200-mal gewürfelt und ein Säulendiagramm gezeichnet.
Welches Kind hat einen Trickwürfel verwendet? Kreuze an.

a)

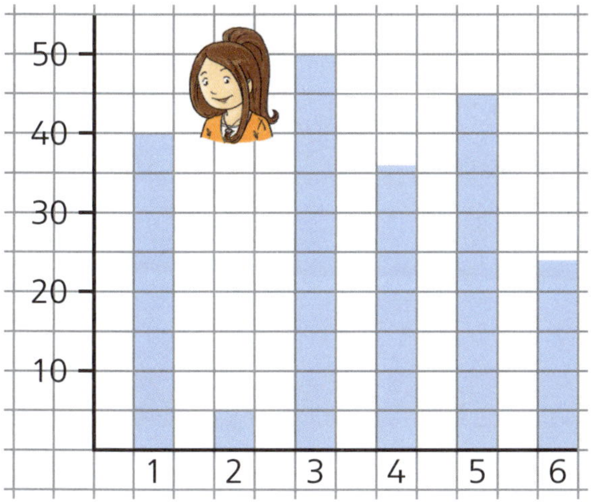

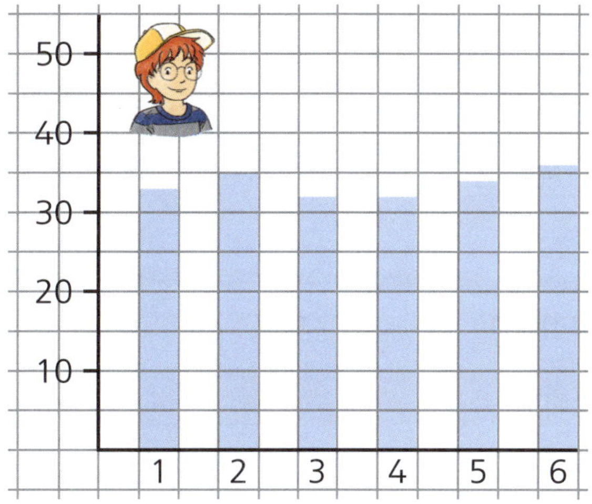

○  ○  hat einen Trickwürfel verwendet, ich sehe es an der ___.

b)

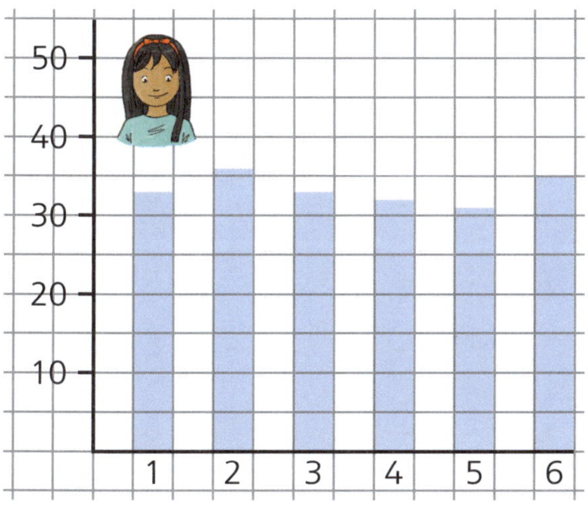

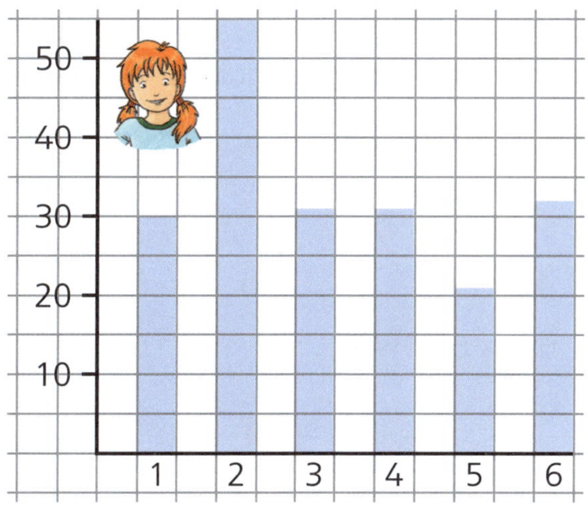

○  ○  hat einen Trickwürfel verwendet, ich sehe es an der ___.

2 Max hat 500-mal gewürfelt.
Ergänze die Tabelle und runde die Zahlen.
Male für je 10 Würfe ein Kästchen an.

Zahl	gewürfelt	gerundet auf 10er
1	71	70
2	85	90
3	99	
4	83	
5	68	
6	94	

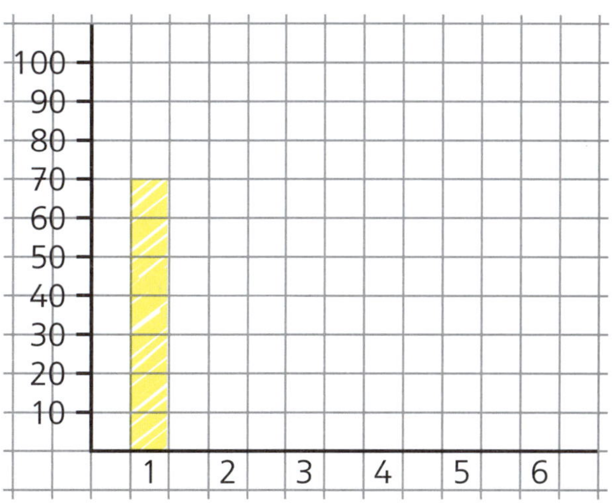

1. Multipliziere mit 1, mit 2, mit 4 und mit 8. Vergleiche.

a) $2 \cdot 1 =$ ___
$2 \cdot 2 =$ ___
$2 \cdot 4 =$ ___
$2 \cdot 8 =$ ___

b) $3 \cdot 1 =$ ___
$3 \cdot 2 =$ ___
$3 \cdot 4 =$ ___
$3 \cdot 8 =$ ___

c) $8 \cdot 1 =$ ___
$8 \cdot 2 =$ ___
$8 \cdot 4 =$ ___
$8 \cdot 8 =$ ___

d) $10 \cdot 1 =$ ___
$10 \cdot 2 =$ ___
$10 \cdot 4 =$ ___
$10 \cdot 8 =$ ___

2. Trage ein.

Zahl	1		7		5			4		3
das Zweifache		18								
das Vierfache				24			0			
das Achtfache						80			64	

3. Rechne die Nachbaraufgaben. Vergleiche.

a) $2 \cdot 10 =$ ___
$3 \cdot 10 =$ ___

b) $5 \cdot 2 =$ ___
$5 \cdot 3 =$ ___

c) $7 \cdot 2 =$ ___
$7 \cdot 3 =$ ___

d) $9 \cdot 2 =$ ___
$9 \cdot 3 =$ ___

e) $10 \cdot 5 =$ ___
$10 \cdot 6 =$ ___

f) $5 \cdot 6 =$ ___
$6 \cdot 6 =$ ___

g) $2 \cdot 5 =$ ___
$2 \cdot 6 =$ ___

h) $5 \cdot 9 =$ ___
$6 \cdot 9 =$ ___

i) $10 \cdot 8 =$ ___
$9 \cdot 8 =$ ___

j) $10 \cdot 2 =$ ___
$9 \cdot 2 =$ ___

k) $7 \cdot 10 =$ ___
$7 \cdot 9 =$ ___

l) $6 \cdot 10 =$ ___
$6 \cdot 9 =$ ___

4. Trage ein.

Zahl	5				6		2		9	
das Dreifache			30			21				
das Sechsfache				48				24		
das Neunfache		27								9

5. Multipliziere mit 5, mit 2 und mit 7. Vergleiche.

a) $5 \cdot 5 =$ ___
$2 \cdot 5 =$ ___
$7 \cdot 5 =$ ___

b) $3 \cdot 5 =$ ___
$3 \cdot 2 =$ ___
$3 \cdot 7 =$ ___

c) $5 \cdot 8 =$ ___
$2 \cdot 8 =$ ___
$7 \cdot 8 =$ ___

d) $6 \cdot 5 =$ ___
$6 \cdot 2 =$ ___
$6 \cdot 7 =$ ___

1. Trage die ersten zehn Vielfachen ein. Markiere gemeinsame Vielfache.

a)

Vielfache von 3	3	6	9	12						
Vielfache von 4	4	8	12							

b)

Vielfache von 2										
Vielfache von 4										
Vielfache von 8										

c)

Vielfache von 5										
Vielfache von 2										
Vielfache von 7										

d)

Vielfache von 5										
Vielfache von 6										

e)

Vielfache von 10										
Vielfache von 9										

2. Berechne zu jeder Zahl das Zehnfache und das Hundertfache.

Zahl	5			3	4		1	7		
das Zehnfache		90				20				
das Hundertfache			800						600	1 000

3. Multipliziere mit 10.

a) 11 · 10 =
20 · 10 =
50 · 10 =

b) 10 · 13 =
10 · 51 =
10 · 91 =

c) 30 · 10 =
22 · 10 =
36 · 10 =

d) 10 · 80 =
10 · 83 =
10 · 99 =

e) 43 · 10 =
55 · 10 =
62 · 10 =

f) 10 · 31 =
10 · 15 =
10 · 35 =

g) 82 · 10 =
66 · 10 =
78 · 10 =

h) 10 · 72 =
10 · 96 =
10 · 81 =

4. Multipliziere mit 100.

a) 100 · 3 =
100 · 4 =

b) 5 · 100 =
7 · 100 =

c) 100 · 10 =
100 · 6 =

d) 9 · 100 =
8 · 100 =

1. Multipliziere und vergleiche.

a)

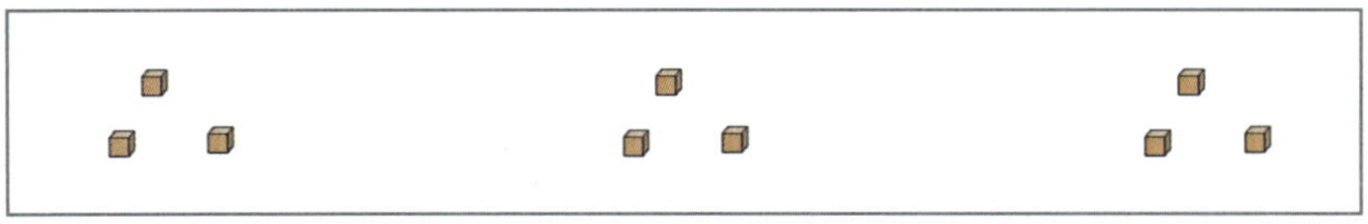

3 · ___ = ___

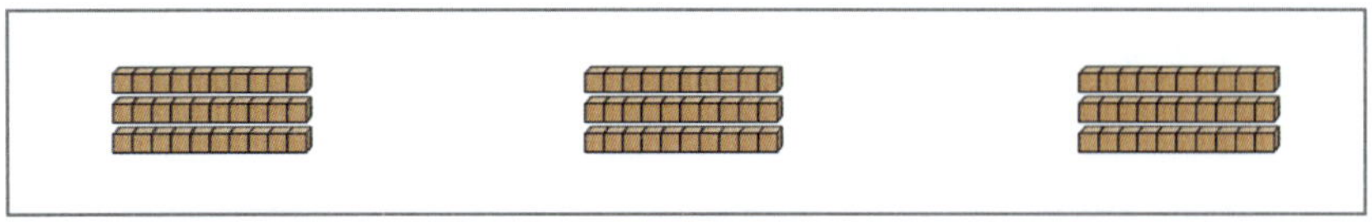

3 · ___ = ___

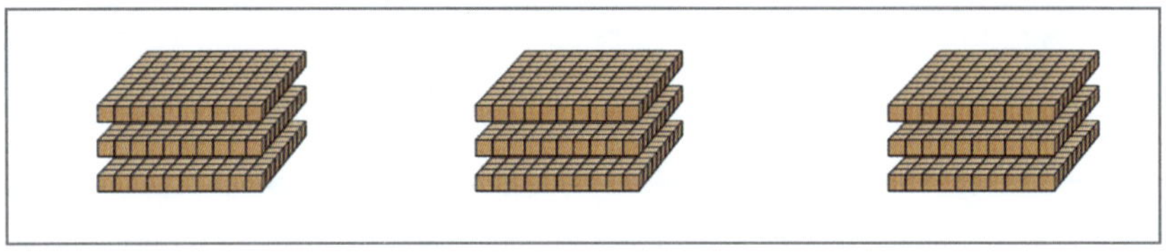

3 · ___ = ___

b)

4 · ___ = ___

4 · ___ = ___

4 · ___ = ___

2. Multipliziere und vergleiche.

a)	b)	c)	d)
2 · 4 = ___	3 · 2 = ___	2 · 2 = ___	8 · 1 = ___
2 · 40 = ___	30 · 2 = ___	2 · 20 = ___	80 · 1 = ___
2 · 400 = ___	300 · 2 = ___	2 · 200 = ___	800 · 1 = ___

3. Ergänze.

a)	b)	c)
___ · 6 = 24	___ · 5 = 10	___ · 4 = 16
___ · 60 = 240	___ · ___ = 100	___ · ___ = ___

d)	e)	f)
___ · 3 = 9	___ · 7 = 14	___ · 10 = 100
___ · ___ = 90	___ · ___ = 140	___ · ___ = 1 000

3 Zum Teil sind mehrere Lösungen möglich

zu Schülerbuchseiten 58, 59

1. Rechne schrittweise.

a)
2 · 13 =
2 · 10 =
2 · 3 =

b)
6 · 12 =
6 · 10 =
6 · 2 =

c)
5 · 18 =
5 · 10 =
5 · 8 =

d)
4 · 11 =
4 · 10 =
4 · 1 =

e)
3 · 16 =
3 · 10 =
3 · 6 =

f)
7 · 12 =
7 · 10 =
7 · 2 =

g)
8 · 12 =
8 · 10 =
8 · 2 =

h)
9 · 13 =
9 · 10 =
9 · 3 =

i)
10 · 31 =
10 · 30 =
10 · 1 =

2. Rechne schrittweise.

a)
4 · 52 =
4 · 50 =
4 · 2 =

b)
6 · 31 =
6 · 30 =
6 · 1 =

c)
5 · 74 =
5 · 70 =
5 · 4 =

d)
3 · 46 =
3 · 40 =
3 · 6 =

e)
7 · 21 =
7 · 20 =
7 · 1 =

f)
8 · 56 =
8 · 50 =
8 · 6 =

g)
3 · 125 =
3 · 100 =
3 · 20 =
3 · 5 =

h)
8 · 121 =
8 · 100 =
8 · 20 =
8 · 1 =

i)
4 · 219 =
4 · 200 =
4 · 10 =
4 · 9 =

1. Nutze die Nähe zum Zehner. Rechne.

a)
6 · 19 =
6 · 20 =
6 · 1 =

b)
7 · 19 =
7 · 20 =
7 · 1 =

c)
8 · 18 =
8 · 20 =
8 · 2 =

d)
9 · 29 =
9 · 30 =
9 · 1 =

e)
3 · 28 =
3 · 30 =
3 · 2 =

f)
4 · 199 =
4 · 200 =
4 · 1 =

2. Nutze das gegensinnige Verändern. Rechne.

a)
8 · 5 =
4 · 10 =

b)
4 · 50 =
2 · 100 =

c)
12 · 15 =
6 · 30 =

d)
12 · 30 =
6 · 60 =

e)
6 · 50 =
3 · 100 =

f)
16 · 20 =
8 · 40 =

g)
4 · 25 =
2 · 50 =

h)
20 · 15 =
10 · 30 =

i)
16 · 15 =
8 · 30 =

3. Rechne schrittweise.

a)
12 · 25 =
10 · 25 =
2 · 25 =

b)
13 · 12 =
10 · 12 =
3 · 12 =

c)
11 · 24 =
10 · 24 =
1 · 24 =

d)
11 · 33 =
10 · 33 =
1 · 33 =

e)
12 · 51 =
10 · 51 =
2 · 51 =

f)
14 · 21 =
10 · 21 =
4 · 21 =

1. Multipliziere.

a)	3 · 50 ct = ___ ct	b)	3 · 20 ct = ___ ct	c)	5 · 10 ct = ___ ct
	5 · 20 ct = ___ ct		4 · 70 ct = ___ ct		7 · 70 ct = ___ ct
	6 · 20 ct = ___ ct		9 · 30 ct = ___ ct		8 · 40 ct = ___ ct
d)	4 · 50 ct = ___ ct	e)	30 · 2 ct = ___ ct	f)	30 · 10 ct = ___ ct
	2 · 60 ct = ___ ct		20 · 4 ct = ___ ct		3 · 30 ct = ___ ct
	10 · 40 ct = ___ ct		50 · 2 ct = ___ ct		4 · 25 ct = ___ ct

2. Wandle um in Centschreibweise.

a)	2,35 € = ___ ct	b)	7,58 € = ___ ct	c)	1,49 € = ___ ct
	4,61 € = ___ ct		1,21 € = ___ ct		2,05 € = ___ ct
d)	6,22 € = ___ ct	e)	0,97 € = ___ ct	f)	2,51 € = ___ ct
	9,43 € = ___ ct		7,32 € = ___ ct		1,03 € = ___ ct

3. Wandle zuerst um in Centschreibweise. Multipliziere.

a) 7 · 0,21 €

0,21 € = 21 ct

7 · 21 ct = ___ ct

7 · 20 ct = ___ ct

7 · 1 ct = ___ ct

b) 8 · 0,52 €

0,52 € = 52 ct

8 · 52 ct = ___ ct

8 · 50 ct = ___ ct

8 · 2 ct = ___ ct

c) 4 · 2,43 €

2,43 € = 243 ct

4 · 243 ct = ___ ct

4 · 200 ct = ___ ct

4 · 40 ct = ___ ct

4 · 3 ct = ___ ct

d) 5 · 1,25 €

1,25 € = ___ ct

5 · ___ ct = ___ ct

5 · ___ ct = ___ ct

5 · ___ ct = ___ ct

5 · ___ ct = ___ ct

1. Setze die Zahlenfolge fort. Finde eine Regel.

a) +2 +2

8 10 12 … 26

b) 55 60 65 … 100

c) 490 480 470 … 400

d) 711 714 717 … 738

2. Notiere die Zahlenfolge und schreibe drei weitere Zahlen.

a)

3 …

b)

512 …

3. Welche Zahlen könnten es sein? Die gesuchte Zahl …

a) … ist größer als 40 und kleiner als 60.
… hat als Zehnerstelle eine 5.
… ist ungerade.

L: 51, 53

b) … ist größer als 100 und kleiner als 200.
… ist ein Vielfaches von 10.

L:

Das Mathebuch 3 – Arbeitsheft

Im Arbeitsheft werden die Themen vom Mathebuch anhand der eingeführten Aufgabentypen wiederholt und vertieft – mit dem Ziel der Übung und Festigung.

Das Mathebuch 3 – Arbeitsheft
DIN A4, 80 S., vierf., Gh, mit Lösungsheft (20 S., vierf., Gh), mit Stickerbogen

ISBN 978-3-619-35746-8

www.mildenberger-verlag.de/181

Das Mathebuch 3 – Lernkompass

Der Lernkompass dient den Lehrkräften zur Dokumentation und den Kindern zur Reflexion des Gelernten. In regelmäßigen Abständen lösen die Kinder Aufgaben, die abgestimmt sind auf den Lerninhalt des Schulbuches.

Das Mathebuch 3 – Lernkompass
DIN A4, 32 S., vierf., Gh, mit Lösungsheft (8 S., vierf., Gh), mit Stickerbogen

ISBN 978-3-619-35741-3

www.mildenberger-verlag.de/181

Das Mathebuch 3 – Forderheft

Kinder mit Forderbedarf bearbeiten die entsprechende Seite im Forderheft, nachdem sie die Seite im Arbeitsheft gelöst haben. Damit vertiefen die Kindr ihr Verständnis für die gelernten Inhalte.

Das Mathebuch 3 – Forderheft
DIN A4, 80 S., vierf., Gh,
mit Lösungsheft (20 S., vierf., Gh),
mit Stickerbogen

ISBN 978-3-619-35747-5

www.mildenberger-verlag.de/181

City-Tour

Spielerisch werden die wesentlichen Kompetenzen gefördert, die für die Entwicklung der körperlichen und geistigen Mobilität wichtig sind:

- über räumliches Vorstellungsvermögen verfügen
- räumliche Beziehungen erkennen, beschreiben und nutzen
- zwei- und dreidimensionale Darstellungen von Bauwerken zueinander in Beziehung setzen

Das Spiel ist flexibel und in verschiedenen Jahrgangsstufen einsetzbar. Es ist sowohl für den Unterricht als auch für das Spielen zu Hause geeignet.

City-Tour
1 Spielbrett, 7 Bauplankarten, 32 Auftragskarten, 2 Würfel, 32 Ereigniskarten, 4 Spielfiguren, 73 Einheitswürfel aus Holz, 6 Holzbäumchen, 1 Spielanleitung

ISBN 978-3-619-15294-0

www.mildenberger-verlag.de/818

Wiederholung Addition

zu Schülerbuchseite 5

1. Zeichne, trage ein und rechne.

a) 36 + 17: 36 + 17 = 53

b) 26 + 25: 26 + 25 = 51

c) 43 + 19: 43 + 19 = 62

2. Rechne und trage ein.

a) +18 (+10, +8): 35, 45, 53

b) +24 (+20, +4): 28, 48, 52

c) +33 (+30, +3): 49, 79, 82

3. Rechne.

a) 25 + 16 = 41; 25 + 10 = 35; 35 + 6 = 41

b) 34 + 25 = 59; 34 + 20 = 54; 54 + 5 = 59

c) 18 + 19 = 37; 18 + 10 = 28; 28 + 9 = 37

d) 26 + 32 = 58; 26 + 30 = 56; 56 + 2 = 58

e) 14 + 45 = 59; 14 + 40 = 54; 54 + 5 = 59

f) 27 + 33 = 60; 27 + 30 = 57; 57 + 3 = 60

2, 3 Erst die Zehner dazu, dann die Einer

Wiederholung Multiplikation

zu Schülerbuchseite 7

1. Setze fort und rechne.

a)	b)	c)
1 · 2 = 2	1 · 5 = 5	1 · 10 = 10
2 · 2 = 4	2 · 5 = 10	2 · 10 = 20
3 · 2 = 6	3 · 5 = 15	3 · 10 = 30
4 · 2 = 8	4 · 5 = 20	4 · 10 = 40
5 · 2 = 10	5 · 5 = 25	5 · 10 = 50
6 · 2 = 12	6 · 5 = 30	6 · 10 = 60
7 · 2 = 14	7 · 5 = 35	7 · 10 = 70
8 · 2 = 16	8 · 5 = 40	8 · 10 = 80
9 · 2 = 18	9 · 5 = 45	9 · 10 = 90
10 · 2 = 20	10 · 5 = 50	10 · 10 = 100

2. Zerlege in Kernaufgaben und rechne.

a) 3 · 6 = 18; 2 · 6 = 12; 1 · 6 = 6

b) 6 · 4 = 24; 5 · 4 = 20; 1 · 4 = 4

c) 6 · 7 = 42; 5 · 7 = 35; 1 · 7 = 7

d) 5 · 7 = 35; 5 · 5 = 25; 5 · 2 = 10

e) 9 · 6 = 54; 9 · 5 = 45; 9 · 1 = 9

f) 8 · 3 = 24; 8 · 2 = 16; 8 · 1 = 8

g) 7 · 7 = 49; 5 · 7 = 35; 2 · 7 = 14

h) 10 · 4 = 40; 5 · 4 = 20; 5 · 4 = 20

Wiederholung Division

zu Schülerbuchseite 7

1. Baue mit Steckwürfeln. Male und rechne.

a) Baue aus 6 Steckwürfeln immer 2er-Türme.

6 : 2 = 3

Baue aus 7 Steckwürfeln immer 2er-Türme.

7 : 2 = 3 R 1

b) Baue aus 6 Steckwürfeln immer 3er-Türme.

6 : 3 = 2

Baue aus 8 Steckwürfeln immer 3er-Türme.

8 : 3 = 2 R 2

2. Baue aus den Steckwürfeln immer 7er-Türme. Wie viele Steckwürfel bleiben übrig?

a) 26 : 7 = 3 R 5
Ich baue 3 Türme.
5 bleiben übrig.

b) 32 : 7 = 4 R 4
Ich baue 4 Türme.
4 bleiben übrig.

c) 37 : 7 = 5 R 2
Ich baue 5 Türme.
2 bleiben übrig.

3. Schreibe zum Punktefeld die passende Aufgabenfamilie.

12 Punkte

3 4 12

3 · 4 = 12 —Tauschaufgabe→ 4 · 3 = 12

↓ Umkehraufgabe ↓ Umkehraufgabe

12 : 4 = 3   12 : 3 = 4

1.2 Steckwürfel verwenden

Bündeln im Zahlenraum bis 1 000

zu Schülerbuchseite 8

1. Immer 10. Bündele und trage ein.

a)

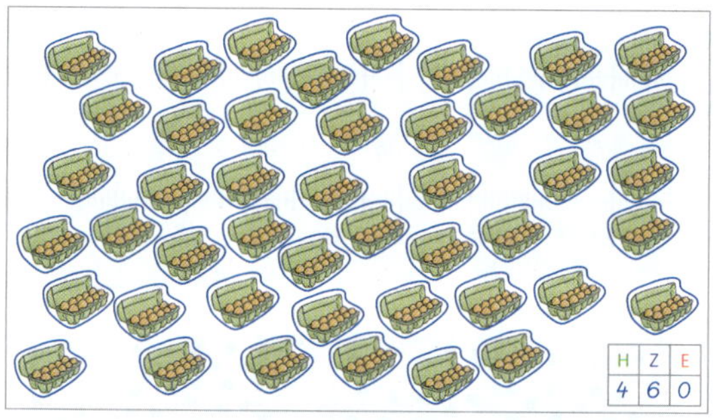

H	Z	E
4	6	0

b)

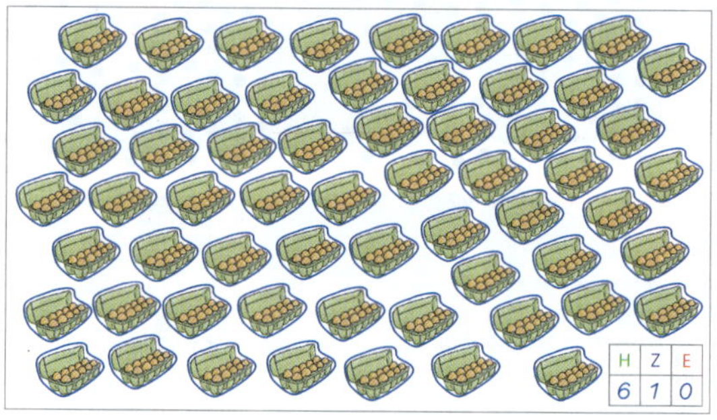

H	Z	E
6	1	0

2. Bündele und trage ein.

a)

H	Z	E
2	6	1

b)

H	Z	E
3	5	3

Zahlwörter

zu Schülerbuchseite 9

1. Was gehört zusammen? Verbinde.

100 – einhundert

204 – zweihundertvier

152 – einhundertzweiundfünfzig

240 – zweihundertvierzig

339 – dreihundertneununddreißig

125 – einhundertfünfundzwanzig

150 – einhundertfünfzig

2. Schreibe als Zahlwort.

a)

T	H	Z	E
	2	7	9

zweihundertneunundsiebzig

b)

T	H	Z	E
	8	4	0

achthundertvierzig

c)

T	H	Z	E
	9	1	0

neunhundertzehn

d)

T	H	Z	E
	5	8	7

fünfhundertsiebenundachtzig

Zahlenraum bis 1 000 – Zahldarstellung

zu Schülerbuchseiten 10, 11

1. Wie heißt die Zahl? Schreibe auf zwei Arten.

a) 3 H + 4 Z + 2 E = 342
300 + 40 + 2 = 342

b) 1 H + 8 Z + 6 E = 186
100 + 80 + 6 = 186

c) 2 H + 3 Z + 1 E = 231
200 + 30 + 1 = 231

2. Wie heißt die Zahl? Schreibe auf zwei Arten.

a) 2 H 6 Z 2 E   262

b) 3 H 0 Z 6 E   306

3. Zeichne die Zahl.

a) 275

b) 439

Zahlzerlegungen

zu Schülerbuchseite 13

1. Finde die Zerlegungen.

a)

8	
1 + 7	100 + 700
3 + 5	300 + 500
2 + 6	200 + 600
0 + 8	0 + 800

(800)

b)

9	900
8 + 1	800 + 100
3 + 6	300 + 600
3 + 6	300 + 600
2 + 7	200 + 700

c)

6	600
5 + 1	500 + 100
2 + 4	200 + 400
1 + 5	100 + 500
3 + 3	300 + 300

d)

10	1 000
8 + 2	800 + 200
3 + 7	300 + 700
4 + 6	400 + 600
5 + 5	500 + 500

***2.** Finde Zerlegungen.

a) 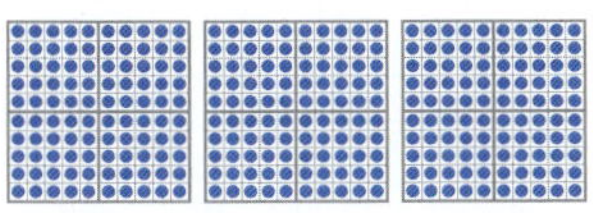

300
200 + 100
100 + 200
300 + 0

b) 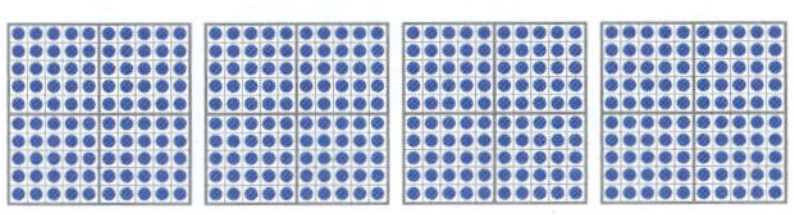

400
300 + 100
200 + 200
0 + 400

c) 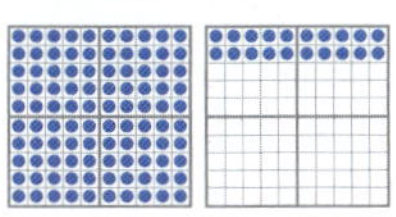

120
100 + 20
20 + 100
120 + 0

* Beispiellösung

2 Mehrere Lösungen sind möglich

Zahlenstrahl

zu Schülerbuchseiten 14, 15

1. Trage ein.

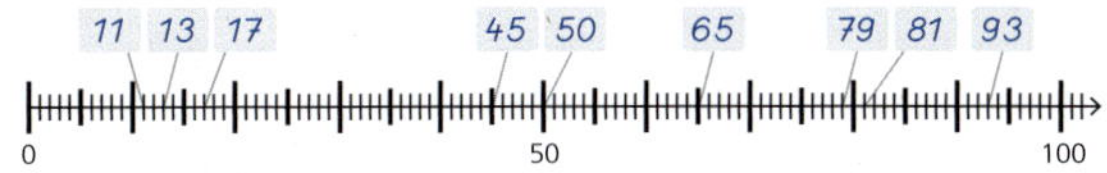

2. Welche Zahl ist es? Verbinde.

a) 40 – 50: 42 48

b) 300 – 400: 350 390

c) 150 – 250: 170 200

800 – 1 000: 850 950

3. Ordne die Zahlen der Größe nach. Beginne mit der kleinsten Zahl. Verwende <.

a) 4 21 17 12 $4 < 12 < 17 < 21$

b) 25 39 64 46 $25 < 39 < 46 < 64$

c) 96 69 68 86 $68 < 69 < 86 < 96$

4. Setze fort. Zeichne die Pfeile und male an.

a)

32	33	34	35	36	37	38	39	40	41	42	43	44	45	46

b)

79	80	81	82	83	84	85	86	87	88	89	90	91	92	93

c)

120	121	122	123	124	125	126	127	128	129	130	131	132	133	134

1, 2 Ggf. Zahlenstrahl verwenden

Tausendertafel

zu Schülerbuchseiten 16, 17

1. Spure alle weißen Zahlen mit Farbe nach: Hunderter grün, Zehner blau, Einer rot.

201	202	203	204	205	206	207	208	209	210
211	212	213	214	215	216	217	218	219	220
221	222	223	224	225	226	227	228	229	230
231	232	233	234	235	236	237	238	239	240
241	242	243	244	245	246	247	248	249	250
251	252	253	254	255	256	257	258	259	260
261	262	263	264	265	266	267	268	269	270
271	272	273	274	275	276	277	278	279	280
281	282	283	284	285	286	287	288	289	290
291	292	293	294	295	296	297	298	299	300

2. Trage die fehlenden Zahlen in der Hundertertafel oben in Aufgabe 1 ein: Hunderter grün, Zehner blau, Einer rot.

3. Trage die fehlenden Zahlen ein: Hunderter grün, Zehner blau, Einer rot.

a)	b)	c)
720	629	262
730	639	272
740	649	282
750	659	292

d)

154	155	156	157

e)

231	232	233	234

f)

454	455	456	457

1–3 Ggf. Hundertertafeln verwenden

Sachrechnen – wichtige Informationen entnehmen

zu Schülerbuchseite 18

1. Unterstreiche wichtige Informationen. Löse die Sachaufgabe.

a) Max ist 9 Jahre alt. Er liest ein Buch mit 45 Seiten. 36 Seiten hat er schon gelesen. Das Buch handelt von einem Tiger.

F: Wie viele Seiten muss er noch lesen?

R: $45 - 36 = 9$

A: Er muss noch 9 Seiten lesen.

b) Tim ist 10 Jahre alt. Seine Schwester ist 3 Jahre jünger. Tim liest ihr jeden Tag 3 Seiten aus seinem Buch vor.

F: Wie alt ist die Schwester von Tim?

R: $10 - 3 = 7$

A: Die Schwester von Tim ist 7 Jahre alt.

c) Mira ist 9 Jahre alt. Am liebsten liest sie Bücher über Pferde. Mira hat schon 42 Seiten gelesen. Bis das Buch zu Ende ist, fehlen ihr noch 40 Seiten.

F: Wie viele Seiten hat das Buch?

R: $42 + 40 = 82$

A: Das Buch hat 82 Seiten.

d) Hanna hat am 29.11. Geburtstag. Ihr Bruder ist 12 Jahre alt. Ihre kleine Schwester ist erst 6 Jahre alt. Hanna ist 3 Jahre jünger als ihr Bruder.

F: Wie alt ist Hanna?

R: $12 - 3 = 9$

A: Hanna ist 9 Jahre alt.

2. Welche Sätze benötigst du, um die Frage zu beantworten? Unterstreiche die wichtigen Informationen und beantworte die Frage.

F: **Wann hat Mira Geburtstag?**

A Mira wünscht sich einen Rucksack zum Geburtstag.

B An ihrem Geburtstag ist es meistens sehr warm.

C Mira hat am 12. 8. Geburtstag.

A: Mira hat am 12. 8. Geburtstag.

Formen und Flächen | Bandornamente

zu Schülerbuchseite 20

1. Welche Form ist es? Verbinde.

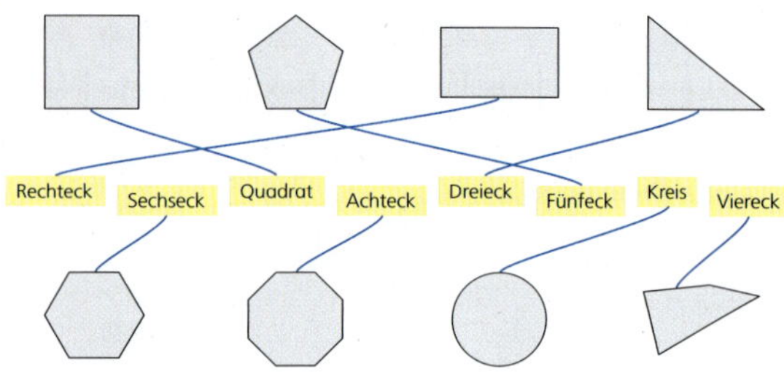

2. Welche Aussage stimmt? Kreuze an.

a)

- ☒ Alle Seiten sind gleich lang.
- ☐ Die Form hat 3 Ecken.

b)

- ☐ Genau zwei Seiten sind gleich lang.
- ☒ Die Form hat 6 Ecken.

3. Zeichne die Form fertig.

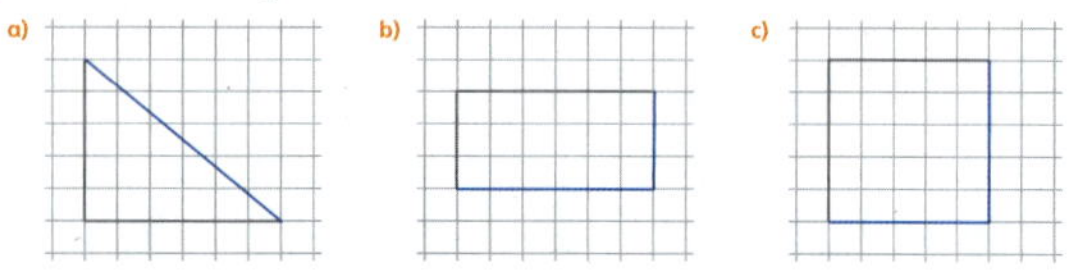

4. Umkreise das Motiv und setze das Bandornament fort.

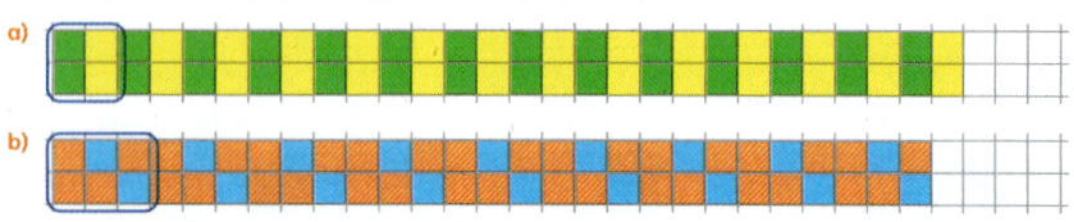

3 Mit Geodreieck zeichnen

Gerade | Rechter Winkel | Parallel | Parallelogramm

zu Schülerbuchseiten 21–23

1. Überprüfe mit dem Geodreieck. Markiere alle rechten Winkel.

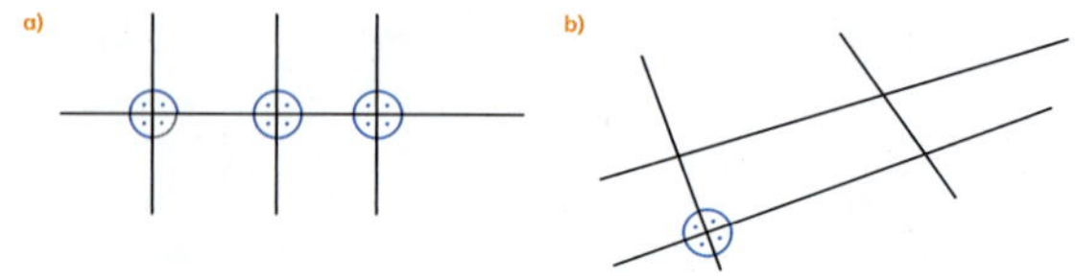

* **2.** Zeichne eine senkrechte Gerade. Markiere alle rechten Winkel.

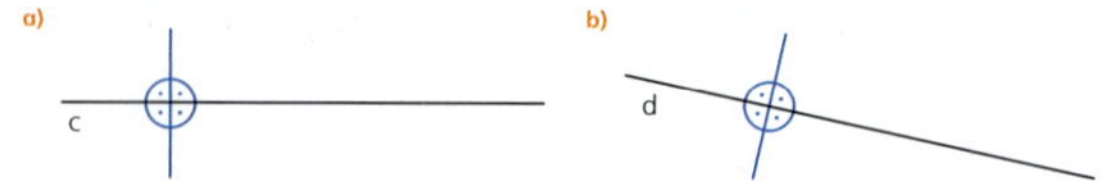

* **3.** Zeichne eine parallele Gerade.

4. Wo findest du rechte Winkel? Markiere. Zeichne das Muster nach.

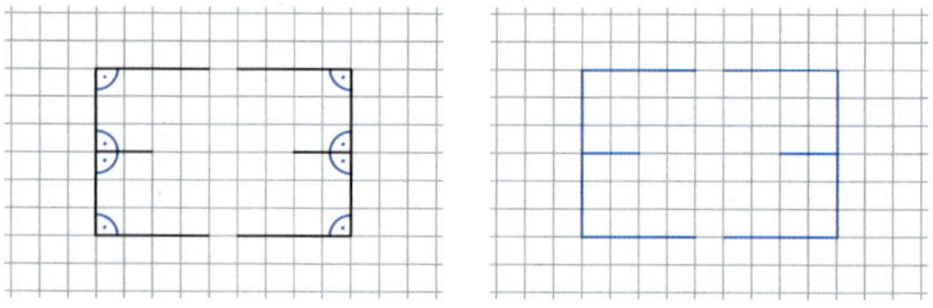

1–4 Mit Geodreieck überprüfen und zeichnen
2, 3 Mehrere Lösungen sind möglich

* Beispiellösung

Flächeninhalt | Umfang

zu Schülerbuchseiten 24, 25

1. Wie groß ist der Flächeninhalt?

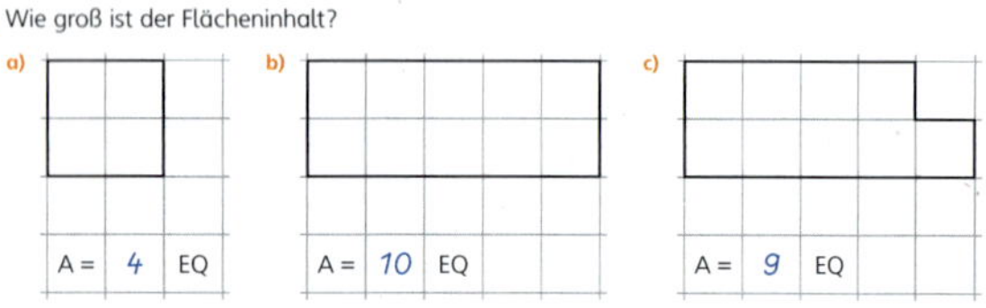

* **2.** Zeichne eine Figur mit dem Flächeninhalt.

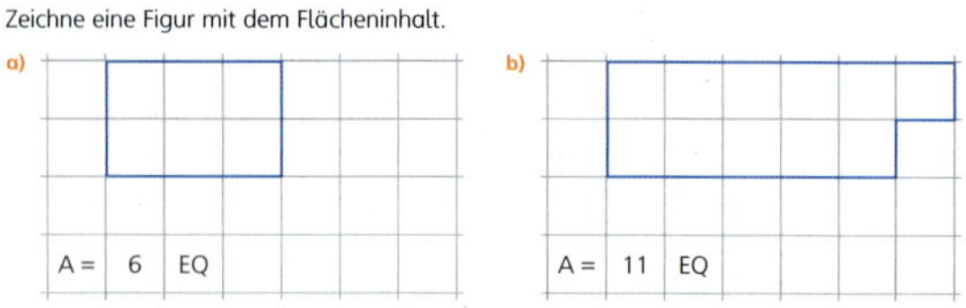

3. Wie groß ist der Umfang?

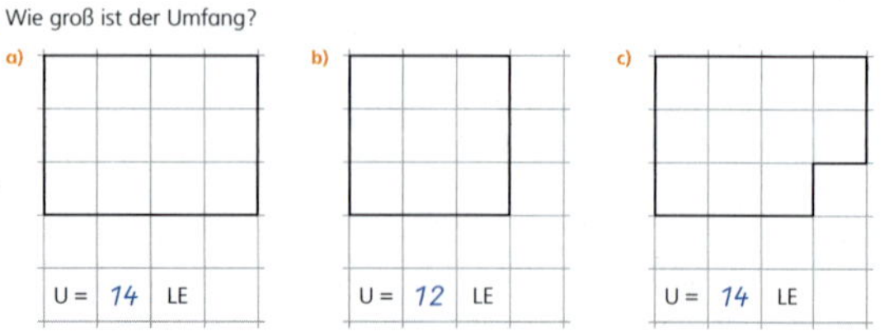

* **4.** Zeichne eine Figur mit dem Umfang.

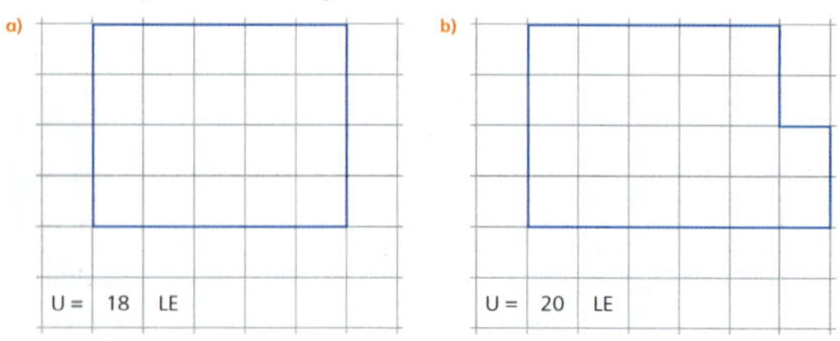

* Beispiellösung

1–4 Ggf. Einheitsquadrate verwenden
2, 4 Mehrere Lösungen sind möglich

Vergrößern und Verkleinern

zu Schülerbuchseite 26

1. Zeichne die Figur vergrößert. Jede Linie soll doppelt so lang sein.

a)

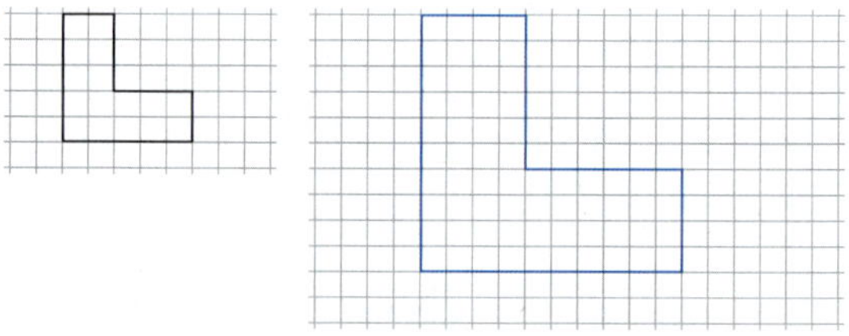

b)

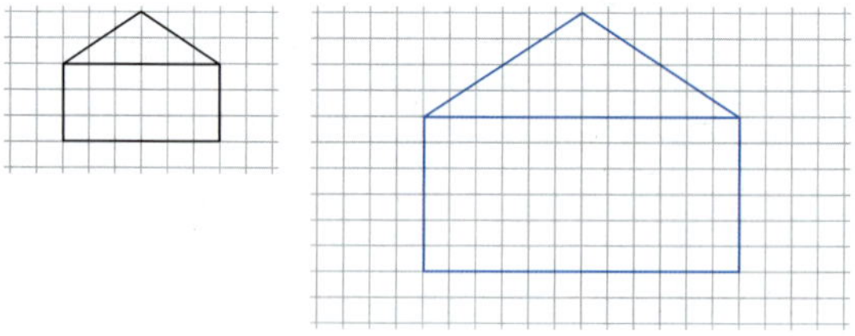

2. Zeichne die Figur verkleinert. Jede Linie soll halb so lang sein.

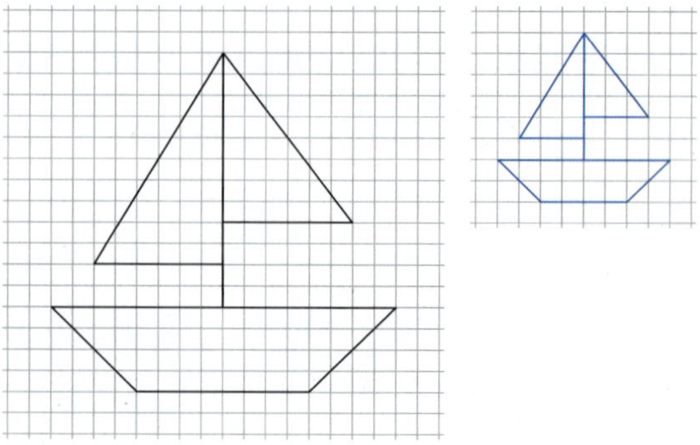

Symmetrie
zu Schülerbuchseite 27

1. Kreuze symmetrische Wörter an.

a) × OTTO ○ ROTOR × UMU
b) × DICH × EHE ○ SOHO
c) ○ ABBA × DEO × UHU

2. Nur bei einem Schild ist die Symmetrieachse richtig eingezeichnet. Kreuze an.

a) ○ × ○
b) × ○ ○
c) ○ × ○

3. Ergänze symmetrisch.

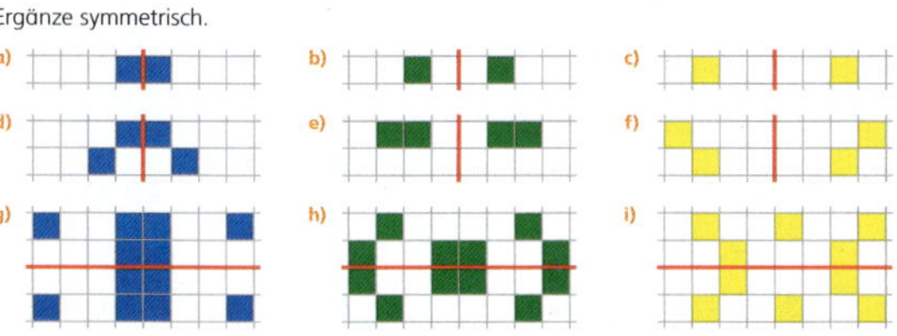

1, 2 Ggf. Kontrolle mit dem Spiegel
1–3 Ggf. Spiegel verwenden

Symmetrie – Tangram
zu Schülerbuchseite 28

*__1.__ Finde den Fehler. Kreise ein.

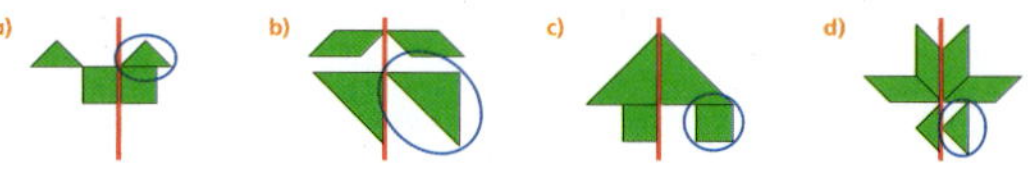

2. Ergänze die Punkte symmetrisch.

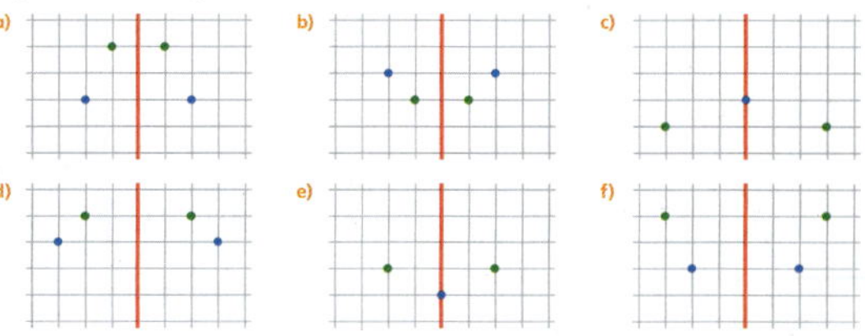

3. Ergänze die Punkte symmetrisch. Verbinde auf jeder Seite alle Punkte mit dem Lineal.

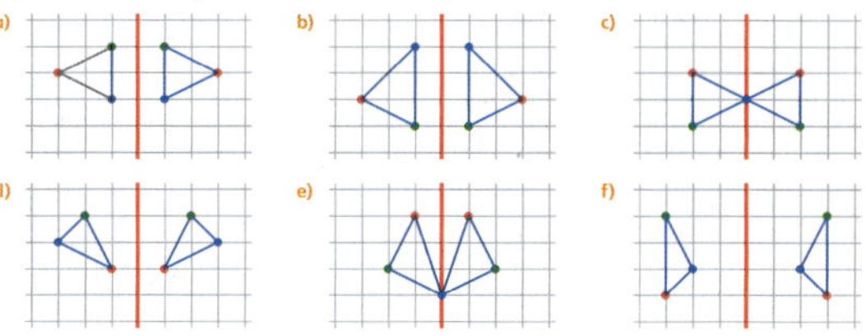

4. Markiere zuerst die Eckpunkte. Ergänze das Spiegelbild. Die Eckpunkte helfen dir.

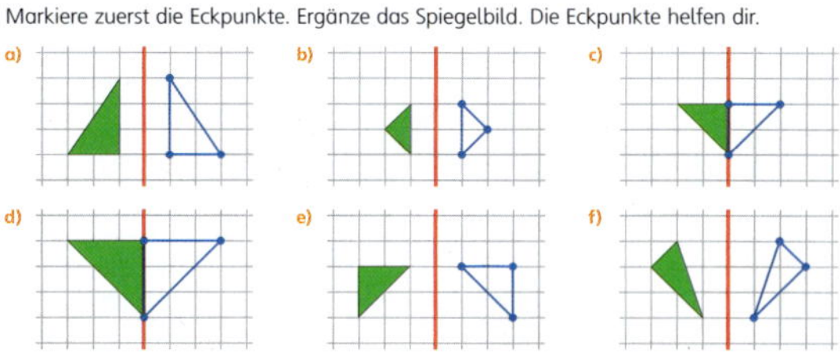

1 Mehrere Lösungen sind möglich
1–4 Ggf. Spiegel verwenden

* Beispiellösung

Addition und Subtraktion mit Hunderterzahlen
zu Schülerbuchseiten 29, 30

1. Lege und addiere.

a) 4 + 2 = 6 | 40 + 20 = 60 | 400 + 200 = 600

b) 3 + 4 = 7 | 30 + 40 = 70 | 300 + 400 = 700

2. Lege und addiere.

a) 600 + 200 = 800; 300 + 100 = 400
b) 300 + 200 = 500; 500 + 300 = 800
c) 500 + 400 = 900; 700 + 100 = 800
d) 120 + 200 = 320; 240 + 300 = 540
e) 213 + 300 = 513; 324 + 100 = 424
f) 200 + 311 = 511; 300 + 182 = 482

3. Lege und subtrahiere.

a) 3 − 1 = 2 | 30 − 10 = 20 | 300 − 100 = 200

b) 4 − 3 = 1 | 40 − 30 = 10 | 400 − 300 = 100

4. Lege und subtrahiere.

a) 600 − 300 = 300; 500 − 400 = 100
b) 800 − 400 = 400; 700 − 100 = 600
c) 600 − 500 = 100; 900 − 700 = 200
d) 230 − 100 = 130; 540 − 300 = 240
e) 342 − 200 = 142; 413 − 100 = 313
f) 536 − 300 = 236; 617 − 400 = 217

1–4 Mehrsystemmaterial verwenden

Addition und Subtraktion mit Zehnerzahlen
zu Schülerbuchseiten 31, 32

1. Lege und setze fort. Addiere.

254 + 10 = 264
254 + 20 = 274
254 + 30 = 284
254 + 40 = 294
254 + 50 = 304
254 + 60 = 314
254 + 70 = 324
254 + 80 = 334
254 + 90 = 344
254 + 100 = 354

2. Lege und addiere.

a) 237 + 40 = 277; 628 + 60 = 688
b) 451 + 70 = 521; 784 + 50 = 834
c) 649 + 80 = 729; 372 + 40 = 412
d) 10 + 563 = 573; 60 + 276 = 336

3. Addiere und ordne die Fachbegriffe richtig zu.

427 + 30 = 457
1. Summand | 2. Summand | Summe

~~2. Summand~~ ~~Summe~~ ~~1. Summand~~

4. Lege und setze fort. Subtrahiere.

342 − 10 = 332
342 − 20 = 322
342 − 30 = 312
342 − 40 = 302
342 − 50 = 292
342 − 60 = 282
342 − 70 = 272
342 − 80 = 262
342 − 90 = 252
342 − 100 = 242

5. Lege und subtrahiere.

a) 364 − 20 = 344; 786 − 50 = 736
b) 527 − 60 = 467; 435 − 70 = 365
c) 214 − 80 = 134; 632 − 40 = 592
d) 873 − 90 = 783; 189 − 80 = 109

6. Subtrahiere und ordne die Fachbegriffe richtig zu.

367 − 20 = 347
Minuend | Subtrahend | Differenz

~~Minuend~~ ~~Differenz~~ ~~Subtrahend~~

1, 2, 4, 5 Mehrsystemmaterial verwenden

Addition und Subtraktion mit Einern

zu Schülerbuchseite 33

1. Addiere.

a) +6: +2, +4 — 238, 240, 244 — 238 + 6 = 244

b) +5: +1, +4 — 439, 440, 444 — 439 + 5 = 444

c) +5: +3, +2 — 197, 200, 202 — 197 + 5 = 202

2. Addiere weiter.

a) +6 +6 +6 +6: 275, 281, 287, 293, 299

b) +7 +7 +7 +7: 482, 489, 496, 503, 510

c) +8 +8 +8 +8 +8 +8 +8 +8: 361, 369, 377, 385, 393, 401, 409, 417, 425

3. Subtrahiere.

a) −5: −3, −2 — 367, 370, 372 — 372 − 5 = 367

b) −7: −3, −4 — 147, 150, 154 — 154 − 7 = 147

c) −6: −4, −2 — 196, 200, 202 — 202 − 6 = 196

4. Subtrahiere weiter.

a) −5 −5 −5 −5: 568, 563, 558, 553, 548

b) −8 −8 −8 −8: 329, 321, 313, 305, 297

c) −4 −4 −4 −4 −4 −4 −4 −4: 426, 422, 418, 414, 410, 406, 402, 398, 394

Addition dreistelliger Zahlen mit Übergang

zu Schülerbuchseite 34

1. Trage ein und rechne.

a) +523: + 500, + 20, + 3 — 235, 735, 755, 758

b) +237: + 200, + 30, + 7 — 458, 658, 688, 695

c) +426: + 400, + 20, + 6 — 319, 719, 739, 745

d) +645: + 600, + 40, + 5 — 278, 878, 918, 923

2. Rechne.

a)
537 + 241 = 778
537 + 200 = 737
737 + 40 = 777
777 + 1 = 778

b)
416 + 273 = 689
416 + 200 = 616
616 + 70 = 686
686 + 3 = 689

c)
185 + 314 = 499
185 + 300 = 485
485 + 10 = 495
495 + 4 = 499

d)
628 + 263 = 891
628 + 200 = 828
828 + 60 = 888
888 + 3 = 891

e)
574 + 142 = 716
574 + 100 = 674
674 + 40 = 714
714 + 2 = 716

f)
378 + 257 = 635
378 + 200 = 578
578 + 50 = 628
628 + 7 = 635

g)
533 + 170 = 703
533 + 100 = 633
633 + 70 = 703

h)
453 + 208 = 661
453 + 200 = 653
653 + 8 = 661

Subtraktion dreistelliger Zahlen mit Übergang

zu Schülerbuchseite 36

1. Trage ein und rechne.

a) −362: − 2, − 60, − 300 — 316, 318, 378, 678

b) −214: − 4, − 10, − 200 — 332, 336, 346, 546

c) −127: − 7, − 20, − 100 — 224, 231, 251, 351

d) −467: − 7, − 60, − 400 — 278, 285, 345, 745

2. Rechne.

a)
356 − 124 = 232
356 − 100 = 256
256 − 20 = 236
236 − 4 = 232

b)
639 − 417 = 222
639 − 400 = 239
239 − 10 = 229
229 − 7 = 222

c)
457 − 234 = 223
457 − 200 = 257
257 − 30 = 227
227 − 4 = 223

d)
785 − 428 = 357
785 − 400 = 385
385 − 20 = 365
365 − 8 = 357

e)
524 − 118 = 406
524 − 100 = 424
424 − 10 = 414
414 − 8 = 406

f)
372 − 156 = 216
372 − 100 = 272
272 − 50 = 222
222 − 6 = 216

g)
934 − 680 = 254
934 − 600 = 334
334 − 80 = 254

h)
863 − 206 = 657
863 − 200 = 663
663 − 6 = 657

Runden

zu Schülerbuchseiten 39, 40

1. Verbinde und trage die Nachbarzehner (NZ) ein.
Welcher Nachbarzehner liegt näher an der Zahl? Unterstreiche.

a) 238: 230, 240 (240)
b) 241: 240, 250 (240)
c) 536: 530, 540 (540)
d) 93: 90, 100 (90)
e) 462: 460, 470 (460)
f) 377: 370, 380 (380)

2. Unterstreiche die Einer und runde auf Zehner.

a)	b)	c)	d)
137 ≈ 140	268 ≈ 270	836 ≈ 840	8 ≈ 10
481 ≈ 480	573 ≈ 570	719 ≈ 720	715 ≈ 720
352 ≈ 350	111 ≈ 110	244 ≈ 240	204 ≈ 200
427 ≈ 430	643 ≈ 640	915 ≈ 920	94 ≈ 90

3. Verbinde und trage die Nachbarhunderter (NH) ein.
Welcher Nachbarhunderter liegt näher an der Zahl? Unterstreiche.

a) 287: 200, 300 (300)
b) 613: 600, 700 (600)
c) 392: 300, 400 (400)
d) 546: 500, 600 (500)
e) 95: 0, 100 (100)
f) 751: 700, 800 (800)

4. Unterstreiche die Zehner und runde auf Hunderter.

a)	b)	c)	d)
692 ≈ 700	187 ≈ 200	436 ≈ 400	704 ≈ 700
324 ≈ 300	739 ≈ 700	855 ≈ 900	499 ≈ 500
517 ≈ 500	207 ≈ 200	83 ≈ 100	3 ≈ 0
111 ≈ 100	320 ≈ 300	649 ≈ 600	94 ≈ 100

Sachrechnen – wichtige Informationen notieren

zu Schülerbuchseite 41

Mein neuer Hund
Ein Hund benötigt sehr viel Zeit. Für das Spazierengehen und Spielen müssen am Tag insgesamt mindestens 2 Stunden eingeplant werden.
Für eine Gassirunde braucht man ein Halsband und eine Leine. Im Haus sollte der Hund ein Körbchen bekommen, damit er sich ausruhen kann.
Das Futter kostet in der Woche etwa 15 €.
Hinzu kommen aber auch noch Kosten für den Tierarzt.

1. Wo kannst du die passende Information finden? Kreuze an und notiere die Lösungshilfe.

a) Wie viel kostet das Halsband? ☒ im Bild ☐ im Text — L: *Halsband: 26,00 €*

b) Wie viel kostet das Futter pro Woche? ☐ im Bild ☒ im Text — L: *Futter pro Woche: 15 €*

c) Wie viel kostet ein Körbchen? ☒ im Bild ☐ im Text — L: *Körbchen: 85,00 €*

d) Wo kann sich der Hund ausruhen? ☐ im Bild ☒ im Text — L: *Ausruhen: im Körbchen*

e) Wie viel Zeit muss am Tag eingeplant werden? ☐ im Bild ☒ im Text — L: *Zeit am Tag: 2 Stunden*

f) Was braucht man für die Gassirunde? ☐ im Bild ☒ im Text — L: *Gassirunde: Halsband und Leine*

g) Wie viel kostet ein Napf? ☒ im Bild ☐ im Text — L: *Napf: 6,00 €*

2. Löse die Sachaufgabe.

a) Max will jeden Nachmittag mit dem Hund eine Stunde spazieren gehen. Wie viele Stunden sind es in einer Woche?
L: *1 Stunde an 7 Tagen*
R: *7 · 1 h = 7 h*
A: *In einer Woche sind es 7 h.*

b) Max kauft für seinen neuen Hund eine Leine und einen Napf. Wie viel muss er bezahlen?
L: *Leine: 33,00 €; Napf: 6,00 €*
R: *33,00 € + 6,00 € = 39,00 €*
A: *Er muss 39,00 € bezahlen.*

Ergänzungs- und Umkehraufgaben bei der Addition

zu Schülerbuchseite 43

1. Zeichne den Rechenstrich und ergänze.

a) 550 + ■ = 600

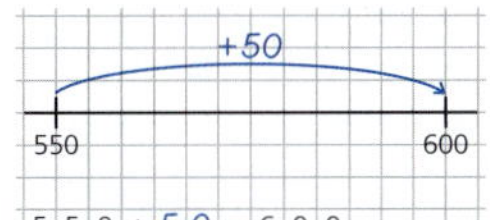

5 5 0 + *5 0* = 6 0 0

b) 380 + ■ = 400

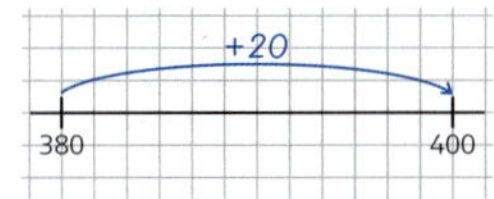

3 8 0 + *2 0* = 4 0 0

2. Ergänze.

a) 460 + *40* = 500; 160 + *40* = 200
b) 720 + *80* = 800; 620 + *80* = 700
c) 940 + *60* = 1 000; 40 + *60* = 100

3. Zeichne den Rechenstrich und ergänze.

a) 360 + ■ = 500

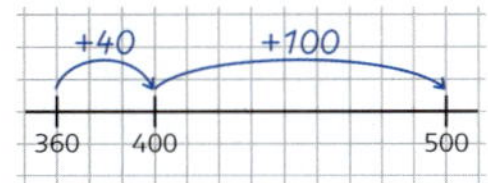

3 6 0 + *4 0* + *1 0 0* = 5 0 0
3 6 0 + *1 4 0* = 5 0 0

b) 300 + ■ = 560

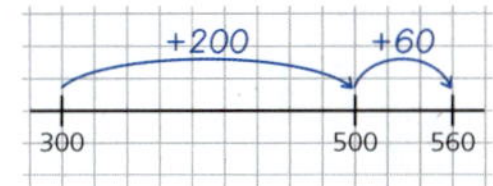

3 0 0 + *2 0 0* + *6 0* = 5 6 0
3 0 0 + *2 6 0* = 5 6 0

4. Ergänze.

a) 350 + *150* = 500; 350 + *50* + *100* = 500
b) 590 + *210* = 800; 590 + *10* + *200* = 800
c) 200 + *230* = 430; 200 + *200* + *30* = 430
d) 600 + *390* = 990; 600 + *300* + *90* = 990

5. Rechne zuerst die Subtraktionsaufgabe.

a) *150* + 50 = 200; 200 − 50 = *150*
b) *520* + 80 = 600; 600 − 80 = *520*
c) *870* + 30 = 900; 900 − 30 = *870*
d) *300* + 150 = 450; 450 − 150 = *300*
e) *400* + 120 = 520; 520 − 120 = *400*
f) *280* + 130 = 410; 410 − 130 = *280*

Ergänzungs- und Umkehraufgaben bei der Subtraktion

zu Schülerbuchseite 44

1. Zeichne den Rechenstrich und ergänze.

a) 750 − ■ = 700

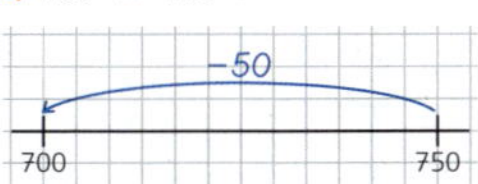

7 5 0 − *5 0* = 7 0 0

b) 380 − ■ = 300

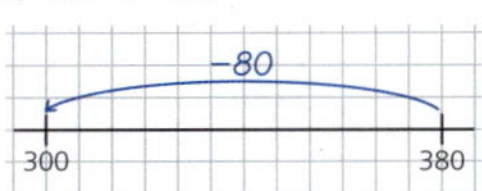

3 8 0 − *8 0* = 3 0 0

c) 560 − ■ = 400

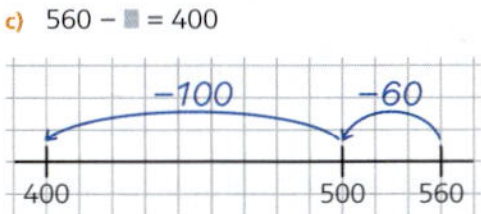

5 6 0 − *6 0* − *1 0 0* = 4 0 0
5 6 0 − *1 6 0* = 4 0 0

d) 630 − ■ = 200

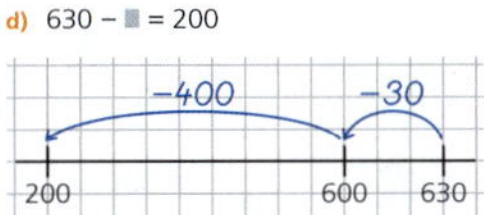

6 3 0 − *3 0* − *4 0 0* = 2 0 0
6 3 0 − *4 3 0* = 2 0 0

2. Rechne zuerst die Ergänzungsaufgabe.

a) 400 → + *20* → 420; 420 → − *20* → 400
420 − *20* = 400
400 + *20* = 420

b) 100 → + *400* → 500; 500 → − *400* → 100
500 − *400* = 100
100 + *400* = 500

c) 180 → + *110* → 290; 290 → − *110* → 180
290 − *110* = 180
180 + *110* − 290

3. Rechne zuerst die Umkehraufgabe.

a) 200 → + 50 → *250*; *250* → − 50 → 200
250 − 50 = 200
200 + 50 = *250*

b) 600 → + 80 → *680*; *680* → − 80 → 600
680 − 80 = 600
600 + 80 = *680*

c) 900 → + *30* → *930*; *930* → − 30 → 900
930 − 30 = 900
900 + 30 = *930*

Rechnen mit Geldbeträgen und Kommaschreibweise

zu Schülerbuchseiten 46, 47

1. Wie viele Euro und Cent sind es? Tausche immer 100 ct gegen 1 €.

a)

250 € *0* ct

b)
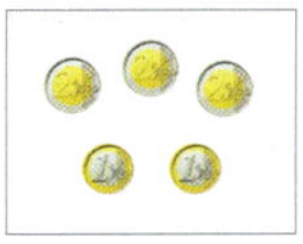

8 € *0* ct

c)

1 € *0* ct

d)

0 € *45* ct

e)

2 € *10* ct

f)

7 € *10* ct

2. Berechne die Summe.

a) 200 € + 100 € = *300 €*; 300 € + 200 € = *500 €*; 600 € + 100 € = *700 €*
b) 50 € + 50 € = *100 €*; 80 € + 10 € = *90 €*; 520 € + 60 € = *580 €*

3. Berechne die Differenz.

700 € − 200 € = *500 €*; 280 € − 50 € = *230 €*; 220 € − 40 € = *180 €*

4. Ergänze.

a) 610 € + *90* € = 700 €; 460 € + *40* € = 500 €; 980 € + *20* € = 1 000 €
b) *330* € + 70 € = 400 €; *590* € + 10 € = 600 €; *750* € + 50 € = 800 €

5. Wandle um. Schreibe auf drei Arten. Tausche, wenn nötig.

a)

gemischte Schreibweise	Kommaschreibweise	Schreibweise in Cent
6 € 0 ct	*6,00 €*	*600 ct*
0 € 60 ct	0,60 €	*60 ct*
1 € 0 ct	*1,00 €*	100 ct
0 € 20 ct	*0,20 €*	*20 ct*
2 € 0 ct	*2,00 €*	200 ct
5 € 10 ct	5,10 €	*510 ct*

b)

gemischte Schreibweise	Kommaschreibweise	Schreibweise in Cent
0 € 5 ct	0,05 €	*5 ct*
3 € 0 ct	*3,00 €*	300 ct
4 € 100 ct	*5,00 €*	*500 ct*
10 € 50 ct	10,50 €	*1 050 ct*
0 € 3 ct	*0,03 €*	3 ct
12 € 75 ct	*12,75 €*	*1 275 ct*

Geld – Rechnen mit Geldbeträgen

zu Schülerbuchseite 48

1. Berechne die Summe.

a) 1,00 € + 2,00 € = 3,00 €
7,00 € + 2,00 € = 9,00 €
10,00 € + 20,00 € = 30,00 €
31,00 € + 8,00 € = 39,00 €

b) 14,50 € + 35,00 € = 49,50 €
22,00 € + 12,60 € = 34,60 €
9,00 € + 2,10 € = 11,10 €
46,30 € + 50,00 € = 96,30 €

2. Berechne die Differenz.

a) 6,00 € − 2,00 € = 4,00 €
55,00 € − 12,00 € = 43,00 €
20,00 € − 10,00 € = 10,00 €
31,00 € − 9,00 € = 22,00 €

b) 56,80 € − 10,00 € = 46,80 €
25,60 € − 13,00 € = 12,60 €
89,80 € − 2,10 € = 87,70 €
71,30 € − 1,20 € = 70,10 €

3. Berechne den Unterschied.

a)
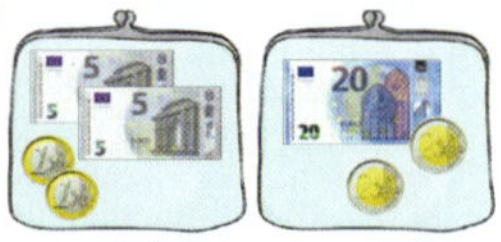
Mira hat 12 €. Max hat 24 €.
Unterschied: 12 €.

b)

Emma hat 35 €. Tim hat 50 €.
Unterschied: 15 €.

c)

Emma hat 11 €. Max hat 12 €.
Unterschied: 1 €.

d)
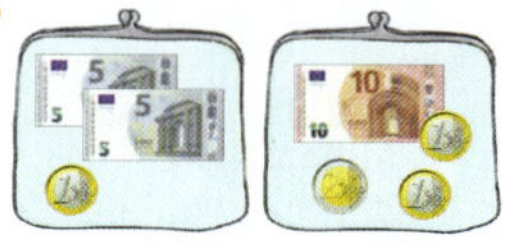
Hanna hat 11 €. Tim hat 14 €.
Unterschied: 3 €.

4. Lege 15 € mit einem Geldschein und drei Münzen. Male.

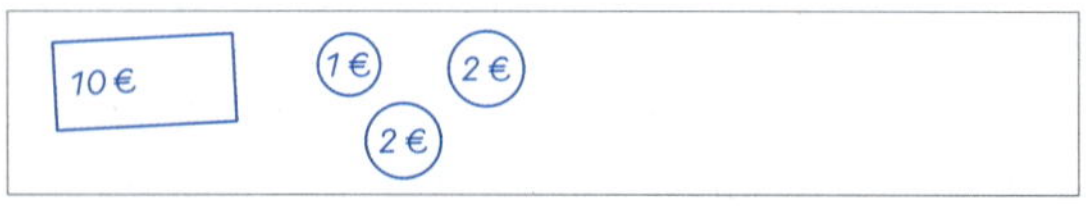

4 Rechengeld verwenden

Überschlagsrechnung

zu Schülerbuchseiten 49, 50

1. Überschlage und rechne dann genau.

a) 90 + 180
Ü: 100 + 200 = 300
R: 90 + 180 = 270
90 + 100 = 190
190 + 80 = 270

b) 220 + 190
Ü: 200 + 200 = 400
R: 220 + 190 = 410
220 + 100 = 320
320 + 90 = 410

c) 360 + 120
Ü: 400 + 100 = 500
R: 360 + 120 = 480
360 + 100 = 460
460 + 20 = 480

d) 430 − 310
Ü: 400 − 300 = 100
R: 430 − 310 = 120
430 − 300 = 130
130 − 10 = 120

2. Welches Ergebnis könnte stimmen? Überschlage und kreuze an.

a) 89 + 70
90 + 70 = 160
○ 259 ✕ 159 ○ 59

b) 210 + 180
200 + 200 = 400
✕ 390 ○ 190 ○ 290

c) 590 + 170
600 + 200 = 800
○ 660 ○ 860 ✕ 760

d) 630 − 320
600 − 300 = 300
✕ 310 ○ 410 ○ 210

e) 980 − 90
1000 − 100 = 900
○ 990 ○ 790 ✕ 890

f) 340 − 110
300 − 100 = 200
○ 330 ✕ 230 ○ 30

3. Tim kauft für seine Eltern ein. Wie viel Geld kostet es?
Überschlage zuerst. Prüfe dann durch genaue Rechnung.

Einkaufszettel
Tomaten (3,50 €)
Käse (4,50 €)
Wurst (3,00 €)
Salat (2,00 €)

Ü: 4,00 € + 5,00 € + 3,00 € + 2,00 € = 14,00 €
R: 3,50 € + 4,50 € + 3,00 € + 2,00 € = 13,00 €
A: Es kostet 13,00 €.

Sachrechnen – Rechenbaum

zu Schülerbuchseite 51

1. Welcher Rechenbaum passt zur Aufgabe? Kreuze an.

a) Max hat für 16,80 € eingekauft. Er hat einen Pfandbon für 2,25 € und zahlt mit 20 €. Wie viel Rückgeld bekommt er?

✕ 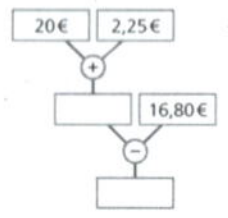

○ 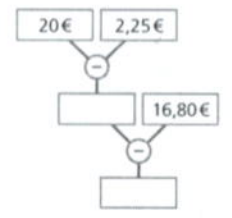

b) In einem Schulbus mit 50 Sitzplätzen sitzen 20 Mädchen und 15 Jungen. Bei der nächsten Haltestelle steigen 10 Kinder ein. Wie viele freie Sitzplätze gibt es noch?

○ 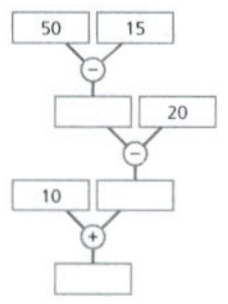

✕ 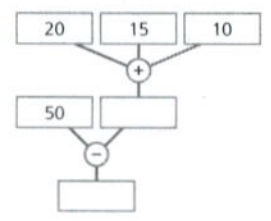

c) Max geht mit 10 € zum Einkaufen. Er kauft Obst für 5 € und ein Brot für 4 €. Wie viel Rückgeld bekommt er?

✕ 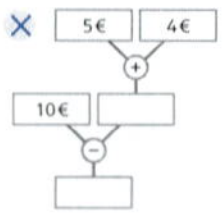

○ 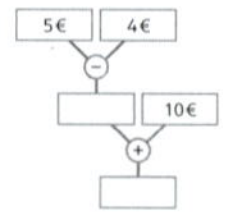

2. Welcher Rechenbaum passt zur Aufgabe? Kreuze an und löse dann die Aufgabe.

Auf einem Bauernhof gibt es 10 Hühner und 20 Schafe. Wie viele Beine haben die Tiere zusammen?

○ 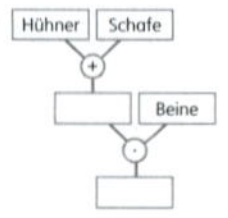

✕ 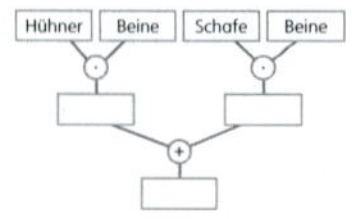

10 · 2 = 20
20 · 4 = 80
20 + 80 = 100
A: Die Tiere haben zusammen 100 Beine.

Wahrscheinlichkeit | Kombinatorik

zu Schülerbuchseiten 52, 53

1. Die Kinder haben 200-mal gewürfelt und ein Säulendiagramm gezeichnet.
Welches Kind hat einen Trickwürfel verwendet? Kreuze an.

a)
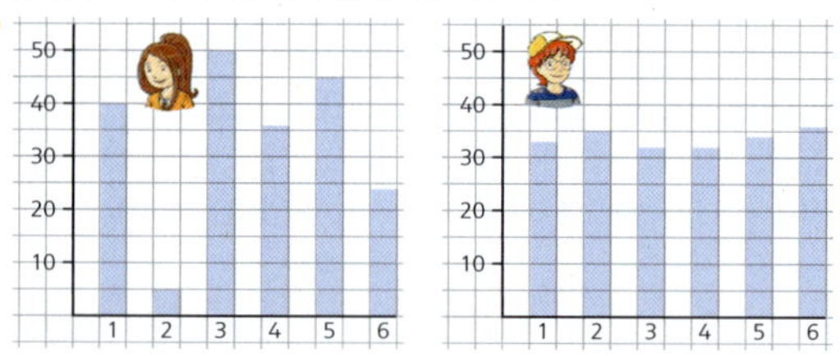

✕ ○ hat einen Trickwürfel verwendet, ich sehe es an der 2.

b)
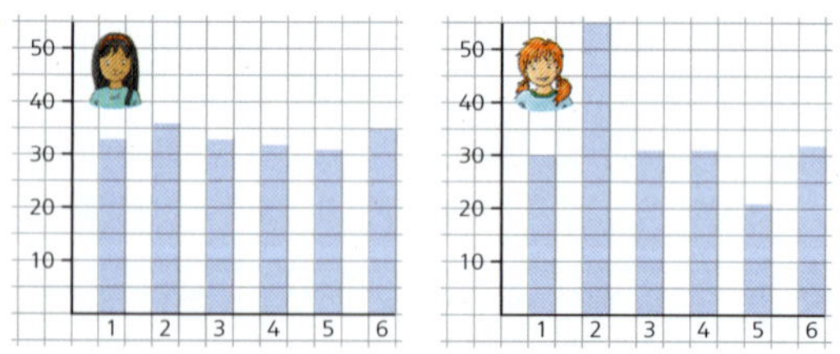

○ ✕ hat einen Trickwürfel verwendet, ich sehe es an der 2.

2. Max hat 500-mal gewürfelt.
Ergänze die Tabelle und runde die Zahlen.
Male für je 10 Würfe ein Kästchen an.

Zahl	gewürfelt	gerundet auf 10er
1	71	70
2	85	90
3	99	100
4	83	80
5	68	70
6	94	90

Wiederholung der Multiplikation

zu Schülerbuchseite 55

1. Multipliziere mit 1, mit 2, mit 4 und mit 8. Vergleiche.

a) 2 · 1 = 2; 2 · 2 = 4; 2 · 4 = 8; 2 · 8 = 16
b) 3 · 1 = 3; 3 · 2 = 6; 3 · 4 = 12; 3 · 8 = 24
c) 8 · 1 = 8; 8 · 2 = 16; 8 · 4 = 32; 8 · 8 = 64
d) 10 · 1 = 10; 10 · 2 = 20; 10 · 4 = 40; 10 · 8 = 80

2. Trage ein.

Zahl	1	9	7	6	5	10	0	4	8	3
das Zweifache	2	18	14	12	10	20	0	8	16	6
das Vierfache	4	36	28	24	20	40	0	16	32	12
das Achtfache	8	72	56	48	40	80	0	32	64	24

3. Rechne die Nachbaraufgaben. Vergleiche.

a) 2 · 10 = 20; 3 · 10 = 30
b) 5 · 2 = 10; 5 · 3 = 15
c) 7 · 2 = 14; 7 · 3 = 21
d) 9 · 2 = 18; 9 · 3 = 27
e) 10 · 5 = 50; 10 · 6 = 60
f) 5 · 6 = 30; 6 · 6 = 36
g) 2 · 5 = 10; 2 · 6 = 12
h) 5 · 9 = 45; 6 · 9 = 54
i) 10 · 8 = 80; 9 · 8 = 72
j) 10 · 2 = 20; 9 · 2 = 18
k) 7 · 10 = 70; 7 · 9 = 63
l) 6 · 10 = 60; 6 · 9 = 54

4. Trage ein.

Zahl	5	3	10	8	6	7	2	4	9	1
das Dreifache	15	9	30	24	18	21	6	12	27	3
das Sechsfache	30	18	60	48	36	42	12	24	54	6
das Neunfache	45	27	90	72	54	63	18	36	81	9

5. Multipliziere mit 5, mit 2 und mit 7. Vergleiche.

a) 5 · 5 = 25; 2 · 5 = 10; 7 · 5 = 35
b) 3 · 5 = 15; 3 · 2 = 6; 3 · 7 = 21
c) 5 · 8 = 40; 2 · 8 = 16; 7 · 8 = 56
d) 6 · 5 = 30; 6 · 2 = 12; 6 · 7 = 42

Vielfache | Multiplikation mit 10

zu Schülerbuchseite 56

1. Trage die ersten zehn Vielfachen ein. Markiere gemeinsame Vielfache.

a)

Vielfache von 3	3	6	9	12	15	18	21	24	27	30
Vielfache von 4	4	8	12	16	20	24	28	32	36	40

b)

Vielfache von 2	2	4	6	8	10	12	14	16	18	20
Vielfache von 4	4	8	12	16	20	24	28	32	36	40
Vielfache von 8	8	16	24	32	40	48	56	64	72	80

c)

Vielfache von 5	5	10	15	20	25	30	35	40	45	50
Vielfache von 2	2	4	6	8	10	12	14	16	18	20
Vielfache von 7	7	14	21	28	35	42	49	56	63	70

d)

Vielfache von 5	5	10	15	20	25	30	35	40	45	50
Vielfache von 6	6	12	18	24	30	36	42	48	54	60

e)

Vielfache von 10	10	20	30	40	50	60	70	80	90	100
Vielfache von 9	9	18	27	36	45	54	63	72	81	90

2. Berechne zu jeder Zahl das Zehnfache und das Hundertfache.

Zahl	5	9	8	3	4	2	1	7	6	10
das Zehnfache	50	90	80	30	40	20	10	70	60	100
das Hundertfache	500	900	800	300	400	200	100	700	600	1 000

3. Multipliziere mit 10.

a) 11 · 10 = 110; 20 · 10 = 200; 50 · 10 = 500
b) 10 · 13 = 130; 10 · 51 = 510; 10 · 91 = 910
c) 30 · 10 = 300; 22 · 10 = 220; 36 · 10 = 360
d) 10 · 80 = 800; 10 · 83 = 830; 10 · 99 = 990
e) 43 · 10 = 430; 55 · 10 = 550; 62 · 10 = 620
f) 10 · 31 = 310; 10 · 15 = 150; 10 · 35 = 350
g) 82 · 10 = 820; 66 · 10 = 660; 78 · 10 = 780
h) 10 · 72 = 720; 10 · 96 = 960; 10 · 81 = 810

4. Multipliziere mit 100.

a) 100 · 3 = 300; 100 · 4 = 400
b) 5 · 100 = 500; 7 · 100 = 700
c) 100 · 10 = 1000; 100 · 6 = 600
d) 9 · 100 = 900; 8 · 100 = 800

Analogien bei der Multiplikation

zu Schülerbuchseite 57

1. Multipliziere und vergleiche.

a)

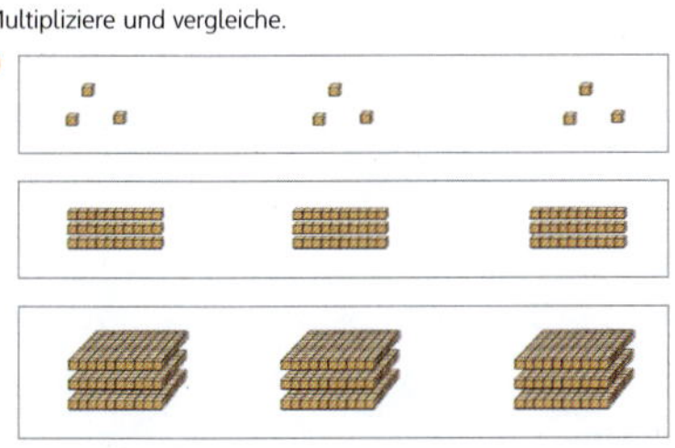

3 · 3 = 9

3 · 30 = 90

3 · 300 = 900

b)

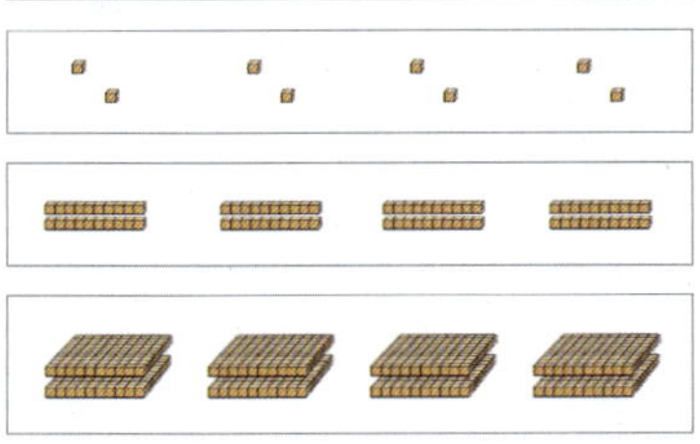

4 · 2 = 8

4 · 20 = 80

4 · 200 = 800

2. Multipliziere und vergleiche.

a) 2 · 4 = 8; 2 · 40 = 80; 2 · 400 = 800
b) 3 · 2 = 6; 30 · 2 = 60; 300 · 2 = 600
c) 2 · 2 = 4; 2 · 20 = 40; 2 · 200 = 400
d) 8 · 1 = 8; 80 · 1 = 80; 800 · 1 = 800

***3.** Ergänze.

a) 4 · 6 = 24; 4 · 60 = 240
b) 2 · 5 = 10; 2 · 50 = 100
c) 4 · 4 = 16; 4 · 40 = 160
d) 3 · 3 = 9; 3 · 30 = 90
e) 2 · 7 = 14; 2 · 70 = 140
f) 10 · 10 = 100; 10 · 100 = 1 000

* Beispiellösung

3 Zum Teil sind mehrere Lösungen möglich

Halbschriftliche Multiplikation

zu Schülerbuchseiten 58, 59

1. Rechne schrittweise.

a) 2 · 13 = 26; 2 · 10 = 20; 2 · 3 = 6
b) 6 · 12 = 72; 6 · 10 = 60; 6 · 2 = 12
c) 5 · 18 = 90; 5 · 10 = 50; 5 · 8 = 40
d) 4 · 11 = 44; 4 · 10 = 40; 4 · 1 = 4
e) 3 · 16 = 48; 3 · 10 = 30; 3 · 6 = 18
f) 7 · 12 = 84; 7 · 10 = 70; 7 · 2 = 14
g) 8 · 12 = 96; 8 · 10 = 80; 8 · 2 = 16
h) 9 · 13 = 117; 9 · 10 = 90; 9 · 3 = 27
i) 10 · 31 = 310; 10 · 30 = 300; 10 · 1 = 10

2. Rechne schrittweise.

a) 4 · 52 = 208; 4 · 50 = 200; 4 · 2 = 8
b) 6 · 31 = 186; 6 · 30 = 180; 6 · 1 = 6
c) 5 · 74 = 370; 5 · 70 = 350; 5 · 4 = 20
d) 3 · 46 = 138; 3 · 40 = 120; 3 · 6 = 18
e) 7 · 21 = 147; 7 · 20 = 140; 7 · 1 = 7
f) 8 · 56 = 448; 8 · 50 = 400; 8 · 6 = 48
g) 3 · 125 = 375; 3 · 100 = 300; 3 · 20 = 60; 3 · 5 = 15
h) 8 · 121 = 968; 8 · 100 = 800; 8 · 20 = 160; 8 · 1 = 8
i) 4 · 219 = 876; 4 · 200 = 800; 4 · 10 = 40; 4 · 9 = 36

Rechenvorteile bei der halbschriftlichen Multiplikation

zu Schülerbuchseite 60

1. Nutze die Nähe zum Zehner. Rechne.

a) 6 · 19 = 114
6 · 20 = 120
6 · 1 = 6

b) 7 · 19 = 133
7 · 20 = 140
7 · 1 = 7

c) 8 · 18 = 144
8 · 20 = 160
8 · 2 = 16

d) 9 · 29 = 261
9 · 30 = 270
9 · 1 = 9

e) 3 · 28 = 84
3 · 30 = 90
3 · 2 = 6

f) 4 · 199 = 796
4 · 200 = 800
4 · 1 = 4

2. Nutze das gegensinnige Verändern. Rechne.

a) 8 · 5 = 40
4 · 10 = 40

b) 4 · 50 = 200
2 · 100 = 200

c) 12 · 15 = 180
6 · 30 = 180

d) 12 · 30 = 360
6 · 60 = 360

e) 6 · 50 = 300
3 · 100 = 300

f) 16 · 20 = 320
8 · 40 = 320

g) 4 · 25 = 100
2 · 50 = 100

h) 20 · 15 = 300
10 · 30 = 300

i) 16 · 15 = 240
8 · 30 = 240

3. Rechne schrittweise.

a) 12 · 25 = 300
10 · 25 = 250
2 · 25 = 50

b) 13 · 12 = 156
10 · 12 = 120
3 · 12 = 36

c) 11 · 24 = 264
10 · 24 = 240
1 · 24 = 24

d) 11 · 33 = 363
10 · 33 = 330
1 · 33 = 33

e) 12 · 51 = 612
10 · 51 = 510
2 · 51 = 102

f) 14 · 21 = 294
10 · 21 = 210
4 · 21 = 84

Multiplikation mit Kommazahlen – Geld

zu Schülerbuchseite 62

1. Multipliziere.

a) 3 · 50 ct = 150 ct
5 · 20 ct = 100 ct
6 · 20 ct = 120 ct

b) 3 · 20 ct = 60 ct
4 · 70 ct = 280 ct
9 · 30 ct = 270 ct

c) 5 · 10 ct = 50 ct
7 · 70 ct = 490 ct
8 · 40 ct = 320 ct

d) 4 · 50 ct = 200 ct
2 · 60 ct = 120 ct
10 · 40 ct = 400 ct

e) 30 · 2 ct = 60 ct
20 · 4 ct = 80 ct
50 · 2 ct = 100 ct

f) 30 · 10 ct = 300 ct
3 · 30 ct = 90 ct
4 · 25 ct = 100 ct

2. Wandle um in Centschreibweise.

a) 2,35 € = 235 ct
4,61 € = 461 ct

b) 7,58 € = 758 ct
1,21 € = 121 ct

c) 1,49 € = 149 ct
2,05 € = 205 ct

d) 6,22 € = 622 ct
9,43 € = 943 ct

e) 0,97 € = 97 ct
7,32 € = 732 ct

f) 2,51 € = 251 ct
1,03 € = 103 ct

3. Wandle zuerst um in Centschreibweise. Multipliziere.

a) 7 · 0,21 €
0,21 € = 21 ct
7 · 21 ct = 147 ct
7 · 20 ct = 140 ct
7 · 1 ct = 7 ct

b) 8 · 0,52 €
0,52 € = 52 ct
8 · 52 ct = 416 ct
8 · 50 ct = 400 ct
8 · 2 ct = 16 ct

c) 4 · 2,43 €
2,43 € = 243 ct
4 · 243 ct = 972 ct
4 · 200 ct = 800 ct
4 · 40 ct = 160 ct
4 · 3 ct = 12 ct

d) 5 · 1,25 €
1,25 € = 125 ct
5 · 125 ct = 625 ct
5 · 100 ct = 500 ct
5 · 20 ct = 100 ct
5 · 5 ct = 25 ct

Zahlenfolgen | Zahlenrätsel

zu Schülerbuchseite 63

1. Setze die Zahlenfolge fort. Finde eine Regel.

a) +2: 8, 10, 12, 14, 16, 18, 20, 22, 24, 26

b) +5: 55, 60, 65, 70, 75, 80, 85, 90, 95, 100

c) −10: 490, 480, 470, 460, 450, 440, 430, 420, 410, 400

d) +3: 711, 714, 717, 720, 723, 726, 729, 732, 735, 738

2. Notiere die Zahlenfolge und schreibe drei weitere Zahlen.

a) 

+3: 3, 6, 9, 12, 15, 18, 21

b) 

−10: 512, 502, 492, 482, 472, 462, 452

3. Welche Zahlen könnten es sein? Die gesuchte Zahl …

a) … ist größer als 40 und kleiner als 60.
… hat als Zehnerstelle eine 5.
… ist ungerade.

L: 51, 53, 55, 57, 59

b) … ist größer als 100 und kleiner als 200.
… ist ein Vielfaches von 10.

L: 110, 120, 130, 140, 150, 160, 170, 180, 190

Gemischte Übungen

zu Schülerbuchseite 64

1. Rechne die Multiplikationsaufgabe.

a) 3, 20, 4 – 60, 12, 80

b) 50, 2, 10 – 100, 500, 20

c) 9, 50, 3 – 450, 27, 150

d) 20, 30, 10 – 600, 200, 300

e) 6, 3, 20 – 18, 120, 60

f) 20, 5, 4 – 100, 80, 20

2. Setze ein: >, < oder =

a) 2 · 25 = 50
7 · 20 < 150
23 · 10 > 220
50 · 7 < 360

b) 600 > 60 · 9
200 = 8 · 25
70 > 5 · 12
730 > 80 · 9

c) 200 > 4 · 49
240 = 40 · 6
210 = 7 · 30
245 < 50 · 5

d) 2 · 30 = 3 · 20
25 · 5 > 12 · 10
50 · 4 > 2 · 90
11 · 3 < 22 · 2

3. Rechne die Multiplikationsaufgabe.

a) 200; 10, 20; 2, 5, 4

b) 500; 50, 10; 10, 5, 2

c) 640; 80, 8; 20, 4, 2

d) 800; 20, 40; 10, 2, 20

*** 4.** Finde eine passende Frage und löse die Sachaufgabe.

Preistafel

Brezel	0,80 €
Brötchen	0,25 €
Muffin	1,50 €
Brot	3,00 €

Ich habe 5 € und möchte 1 Brot und 2 Muffins kaufen.

Emma

F: Reicht Emmas Geld aus?
R: 3,00 € + 1,50 € + 1,50 € = 6,00 €
A: Nein, Emmas Geld reicht nicht aus.

4 Zum Teil sind mehrere Lösungen möglich

* Beispiellösung

Teiler | Wiederholung Division

zu Schülerbuchseiten 65, 66

*1. Finde alle Aufgabenfamilien zu der Ergebniszahl. Multipliziere und dividiere.

a) Ergebniszahl 8

1	8	8	2	4	8

1 · 8 = 8 | 2 · 4 = 8
8 · 1 = 8 | 4 · 2 = 8
8 : 8 = 1 | 8 : 4 = 2
8 : 1 = 8 | 8 : 2 = 4

b) Ergebniszahl 9

3	3	9	1	9	9

3 · 3 = 9 | 1 · 9 = 9
3 · 3 = 9 | 9 · 1 = 9
9 : 3 = 3 | 9 : 9 = 1
9 : 3 = 3 | 9 : 1 = 9

2. Schreibe zu jeder Zahl alle Teiler auf.

a) Teiler von 8: 1, 2, 4, 8 (4 Teiler) b) Teiler von 9: 1, 3, 9 (3 Teiler)

3. Welche Ziffern müssen an der Einerstelle stehen, damit die Zahlen jeweils ohne Rest teilbar sind?

a) Teilbarkeit durch 2 …

ohne Rest	mit Rest
16, 8, 4, 12, 20, 10, 6, 14, 18, 2	19, 3, 7, 15, 11, 13, 5, 1, 17, 9

E: 0, 2, 4, 6, 8

b) Teilbarkeit durch 5 …

ohne Rest	mit Rest
10, 25, 40, 35, 15, 45, 5, 50, 30	11, 2, 23, 34, 46, 27, 6, 18, 29, 37

E: 0, 5

4. Dividiere.

a) 17 : 2 = 8 R 1; 15 : 5 = 3; 22 : 10 = 2 R 2
b) 29 : 5 = 5 R 4; 19 : 3 = 6 R 1; 24 : 4 = 6
c) 38 : 6 = 6 R 2; 26 : 4 = 6 R 2; 47 : 10 = 4 R 7

5. Dividiere.

a) 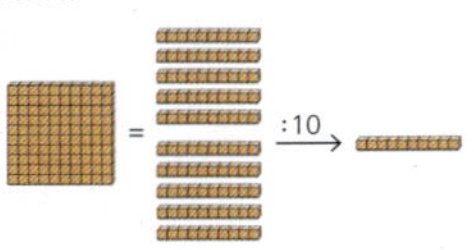

100 : 10 = 10

b) 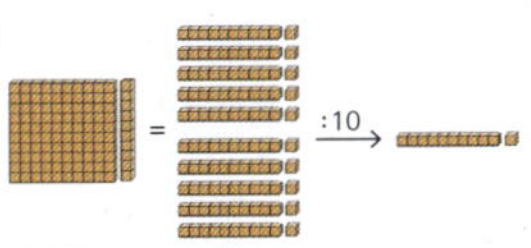

110 : 10 = 11

* Beispiellösung

1 Zum Teil sind mehrere Lösungen möglich

Analogien bei der Division

zu Schülerbuchseite 67

1. Kreise ein und dividiere.

a) 

6 : 3 = 2 | 60 : 3 = 20 | 600 : 3 = 200

b) 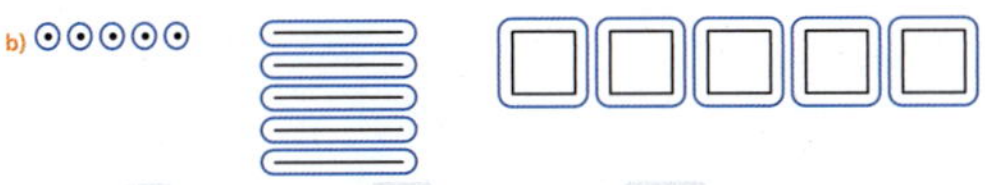

5 : 5 = 1 | 50 : 5 = 10 | 500 : 5 = 100

2. Rechne zuerst alle kleinen Aufgaben. Zu jeder kleinen Aufgabe gehört auch eine große Aufgabe. Male sie in der gleichen Farbe an. Rechne dann auch die große Aufgabe.

120 : 6 = 20 | 36 : 4 = 9 | 14 : 2 = 7 | 210 : 3 = 70
140 : 2 = 70 | 21 : 3 = 7 | 360 : 4 = 90 | 12 : 6 = 2

3. Schreibe auch die kleine Aufgabe. Rechne die kleine Aufgabe zuerst.

a) 120 : 4 = 30; 12 : 4 = 3
b) 150 : 3 = 50; 15 : 3 = 5
c) 160 : 2 = 80; 16 : 2 = 8

4. Dividiere.

a) 400 : 200 = 2; 400 $\xrightarrow{:100}$ 4 $\xrightarrow{:2}$ 2
b) 900 : 30 = 30; 900 $\xrightarrow{:10}$ 90 $\xrightarrow{:3}$ 30
c) 800 : 400 = 2; 800 $\xrightarrow{:100}$ 8 $\xrightarrow{:4}$ 2
d) 140 : 70 = 2; 140 $\xrightarrow{:10}$ 14 $\xrightarrow{:7}$ 2
e) 240 : 80 = 3; 240 $\xrightarrow{:10}$ 24 $\xrightarrow{:8}$ 3
f) 300 : 50 = 6; 300 $\xrightarrow{:10}$ 30 $\xrightarrow{:5}$ 6

5. Rechne die Umkehraufgabe zuerst.

a) 160 : 40 = 4; 4 · 40 = 160
b) 250 : 50 = 5; 5 · 50 = 250
c) 400 : 50 = 8; 8 · 50 = 400

Halbschriftliche Division

zu Schülerbuchseite 68

1. Mit welcher Zahl fängst du an? Verbinde und berechne den Quotienten.

a) 30, 80, 60: 84 : 3 = 28; 60 : 3 = 20; 24 : 3 = 8
b) 120, 100, 80: 128 : 4 = 32; 120 : 4 = 30; 8 : 4 = 2
c) 200, 220, 240: 258 : 6 = 43; 240 : 6 = 40; 18 : 6 = 3
d) 100, 150, 190: 190 : 5 = 38; 150 : 5 = 30; 40 : 5 = 8
e) 160, 100, 200: 184 : 8 = 23; 160 : 8 = 20; 24 : 8 = 3
f) 100, 180, 190: 198 : 9 = 22; 180 : 9 = 20; 18 : 9 = 2

2. Berechne den Quotienten.

a) 81 : 3 = 27; 60 : 3 = 20; 21 : 3 = 7
b) 192 : 6 = 32; 180 : 6 = 30; 12 : 6 = 2
c) 245 : 7 = 35; 210 : 7 = 30; 35 : 7 = 5

3. Schreibe die Reihe auf. Mit welcher Zahl fängst du an zu rechnen? Rechne.

a) 30er-Reihe: 30, 60, 90, 120, 150, 180, 210, 240, 270, 300

105 : 3 = 35; 90 : 3 = 30; 15 : 3 = 5
177 : 3 = 59; 150 : 3 = 50; 27 : 3 = 9
252 : 3 = 84; 240 : 3 = 80; 12 : 3 = 4

b) 40er-Reihe: 40, 80, 120, 160, 200, 240, 280, 320, 360, 400

112 : 4 = 28; 80 : 4 = 20; 32 : 4 = 8
208 : 4 = 52; 200 : 4 = 50; 8 : 4 = 2
296 : 4 = 74; 280 : 4 = 70; 16 : 4 = 4

c) 60er-Reihe: 60, 120, 180, 240, 300, 360, 420, 480, 540, 600

84 : 6 = 14; 60 : 6 = 10; 24 : 6 = 4
282 : 6 = 47; 240 : 6 = 40; 42 : 6 = 7
474 : 6 = 79; 420 : 6 = 70; 54 : 6 = 9

d) 70er-Reihe: 70, 140, 210, 280, 350, 420, 490, 560, 630, 700

189 : 7 = 27; 140 : 7 = 20; 49 : 7 = 7
273 : 7 = 39; 210 : 7 = 30; 63 : 7 = 9
385 : 7 = 55; 350 : 7 = 50; 35 : 7 = 5

Halbschriftliche Division

zu Schülerbuchseite 69

1. Berechne den Quotienten. Kontrolliere mit der Umkehraufgabe.

a) 12 : 6 = 2 K: 2 · 6 = 12
b) 20 : 5 = 4 K: 4 · 5 = 20
c) 18 : 3 = 6 K: 6 · 3 = 18
d) 35 : 7 = 5 K: 5 · 7 = 35
e) 48 : 8 = 6 K: 6 · 8 = 48
f) 54 : 6 = 9 K: 9 · 6 = 54

2. Berechne den Quotienten. Kontrolliere mit der Umkehraufgabe.

a) 36 : 3 = 12; 30 : 3 = 10; 6 : 3 = 2 — K: 12 · 3 = 36; 10 · 3 = 30; 2 · 3 = 6
b) 85 : 5 = 17; 50 : 5 = 10; 35 : 5 = 7 — K: 17 · 5 = 85; 10 · 5 = 50; 7 · 5 = 35
c) 68 : 4 = 17; 40 : 4 = 10; 28 : 4 = 7 — K: 17 · 4 = 68; 10 · 4 = 40; 7 · 4 = 28
d) 90 : 6 = 15; 60 : 6 = 10; 30 : 6 = 5 — K: 15 · 6 = 90; 10 · 6 = 60; 5 · 6 = 30

3. Berechne den Quotienten.

a) 416 : 4 = 104; 400 : 4 = 100; 16 : 4 = 4
↓
456 : 4 = 114; 400 : 4 = 100; 40 : 4 = 10; 16 : 4 = 4

b) 535 : 5 = 107; 500 : 5 = 100; 35 : 5 = 7
↓
585 : 5 = 117; 500 : 5 = 100; 50 : 5 = 10; 35 : 5 = 7

c) 648 : 6 = 108; 600 : 6 = 100; 48 : 6 = 8
↓
708 : 6 = 118; 600 : 6 = 100; 60 : 6 = 10; 48 : 6 = 8

d) 721 : 7 = 103; 700 : 7 = 100; 21 : 7 = 3
↓
791 : 7 = 113; 700 : 7 = 100; 70 : 7 = 10; 21 : 7 = 3

e) 824 : 8 = 103; 800 : 8 = 100; 24 : 8 = 3
↓
904 : 8 = 113; 800 : 8 = 100; 80 : 8 = 10; 24 : 8 = 3

f) 832 : 4 = 208; 800 : 4 = 200; 32 : 4 = 8
↓
872 : 4 = 218; 800 : 4 = 200; 40 : 4 = 10; 32 : 4 = 8

Halbschriftliche Division mit Rest

zu Schülerbuchseite 70

1. Rechne.

a) 17 : 4 = 4 R 1
19 : 7 = 2 R 5
26 : 3 = 8 R 2
29 : 5 = 5 R 4

b) 31 : 6 = 5 R 1
38 : 8 = 4 R 6
48 : 5 = 9 R 3
49 : 7 = 7

c) 55 : 8 = 6 R 7
61 : 7 = 8 R 5
62 : 6 = 10 R 2
86 : 9 = 9 R 5

2. Berechne den Quotienten.

a) 165 : 3 = 55
150 : 3 = 50
15 : 3 = 5
↓
166 : 3 = 55 R 1
150 : 3 = 50
15 : 3 = 5
1

b) 125 : 5 = 25
100 : 5 = 20
25 : 5 = 5
↓
129 : 5 = 25 R 4
100 : 5 = 20
25 : 5 = 5
4

c) 156 : 4 = 39
120 : 4 = 30
36 : 4 = 9
↓
158 : 4 = 39 R 2
120 : 4 = 30
36 : 4 = 9
2

d) 504 : 7 = 72
490 : 7 = 70
14 : 7 = 2
↓
510 : 7 = 72 R 6
490 : 7 = 70
14 : 7 = 2
6

e) 528 : 6 = 88
480 : 6 = 80
48 : 6 = 8
↓
529 : 6 = 88 R 1
480 : 6 = 80
48 : 6 = 8
1

f) 648 : 9 = 72
630 : 9 = 70
18 : 9 = 2
↓
656 : 9 = 72 R 8
630 : 9 = 70
18 : 9 = 2
8

3. Schreibe die Reihe auf. Mit welcher Zahl fängst du an zu rechnen? Rechne.

80er-Reihe: 80, 160, 240, 320, 400, 480, 560, 640, 720, 800

172 : 8 = 21 R 4
160 : 8 = 20
8 : 8 = 1
4

347 : 8 = 43 R 3
320 : 8 = 40
24 : 8 = 3
3

864 : 8 = 108
800 : 8 = 100
64 : 8 = 8

Halbschriftliche Division mit Rest

zu Schülerbuchseite 71

1. Rechne. Kontrolliere mit der Umkehraufgabe.

a) 31 : 4 = 7 R 3
K: 7 · 4 = 28
28 + 3 = 31

b) 26 : 8 = 3 R 2
K: 3 · 8 = 24
24 + 2 = 26

c) 46 : 5 = 9 R 1
K: 9 · 5 = 45
45 + 1 = 46

d) 78 : 8 = 9 R 6
K: 9 · 8 = 72
72 + 6 = 78

e) 43 : 6 = 7 R 1
K: 7 · 6 = 42
42 + 1 = 43

f) 68 : 7 = 9 R 5
K: 9 · 7 = 63
63 + 5 = 68

2. Berechne den Quotienten. Kontrolliere mit der Umkehraufgabe.

a) 115 : 3 = 38 R 1
90 : 3 = 30
24 : 3 = 8
1
K: 38 · 3 = 114
30 · 3 = 90
8 · 3 = 24
Rest dazu → 114 + 1 = 115

b) 239 : 5 = 47 R 4
200 : 5 = 40
35 : 5 = 7
4
K: 47 · 5 = 235
40 · 5 = 200
7 · 5 = 35
Rest dazu → 235 + 4 = 239

c) 335 : 6 = 55 R 5
300 : 6 = 50
30 : 6 = 5
5
K: 55 · 6 = 330
50 · 6 = 300
5 · 6 = 30
Rest dazu → 330 + 5 = 335

3. Setze fort und rechne.

a)
250 : 5 = 50
251 : 5 = 50 R 1
252 : 5 = 50 R 2
253 : 5 = 50 R 3
254 : 5 = 50 R 4
255 : 5 = 51
256 : 5 = 51 R 1

b)
320 : 4 = 80
319 : 4 = 79 R 3
318 : 4 = 79 R 2
317 : 4 = 79 R 1
316 : 4 = 79
315 : 4 = 78 R 3
314 : 4 = 78 R 2

c)
720 : 9 = 80
723 : 9 = 80 R 3
726 : 9 = 80 R 6
729 : 9 = 81
732 : 9 = 81 R 3
735 : 9 = 81 R 6
738 : 9 = 82

Halbschriftliche Division mit Kommazahlen – Geld

zu Schülerbuchseite 74

1. Wandle in Cent um.

a) 0,53 € = 53 ct
0,81 € = 81 ct
0,96 € = 96 ct

b) 1,26 € = 126 ct
1,42 € = 142 ct
1,75 € = 175 ct

c) 2,80 € = 280 ct
5,07 € = 507 ct
9,33 € = 933 ct

2. Wandle in Euro um. Schreibe als Kommazahl.

a) 123 ct = 1,23 €
99 ct = 0,99 €
72 ct = 0,72 €

b) 68 ct = 0,68 €
54 ct = 0,54 €
196 ct = 1,96 €

c) 268 ct = 2,68 €
454 ct = 4,54 €
832 ct = 8,32 €

3. Wandle zuerst in Cent um und rechne. Wandle das Ergebnis wieder in Euro um.

a) 1,92 € : 2 = 0,96 €
↓ umwandeln ↑
192 ct : 2 = 96 ct
180 ct : 2 = 90 ct
12 ct : 2 = 6 ct

b) 2,64 € : 6 = 0,44 €
↓ umwandeln ↑
264 ct : 6 = 44 ct
240 ct : 6 = 40 ct
24 ct : 6 = 4 ct

c) 3,06 € : 3 = 1,02 €
↓ umwandeln ↑
306 ct : 3 = 102 ct
300 ct : 3 = 100 ct
6 ct : 3 = 2 ct

d) 4,48 € : 4 = 1,12 €
↓ umwandeln ↑
448 ct : 4 = 112 ct
440 ct : 4 = 110 ct
8 ct : 4 = 2 ct

4. Löse die Sachaufgabe.

a) Mira und Tim kaufen sich 2 Kuchenstücke. Zusammen kostet es 3,40 €.

F: Wie viel kostet ein Kuchenstück?

R:
340 ct : 2 = 170 ct
300 ct : 2 = 150 ct
40 ct : 2 = 20 ct

A: Ein Kuchenstück kostet 1,70 €.

b) Hanna kauft auf dem Schulfest 4 Lose. Zusammen kostet es 2,60 €.

F: Wie viel kostet ein Los?

R:
260 ct : 4 = 65 ct
240 ct : 4 = 60 ct
20 ct : 4 = 5 ct

A: Ein Los kostet 0,65 €.

Sachrechnen – Tabellen

zu Schülerbuchseiten 76, 77

1. Vervollständige die Tabelle. Beantworte die Fragen.

In einem Schwimmbad werden die Besucher gezählt.
Sonntag: 553 Erwachsene und 304 Kinder.
Montag: 241 Erwachsene und 127 Kinder.

	Erwachsene	Kinder	gesamt
So	553	304	857
Mo	241	127	368

a) Wie viele Erwachsene waren am Sonntag im Schwimmbad?
A: Am Sonntag waren 553 Erwachsene im Schwimmbad.

b) Wie viele Personen waren insgesamt am Sonntag im Schwimmbad?
A: Am Sonntag waren insgesamt 857 Personen im Schwimmbad.

c) An welchem Tag waren am wenigsten Erwachsene im Schwimmbad?
A: Am Montag waren am wenigsten Erwachsene im Schwimmbad.

d) An welchem Tag waren die meisten Kinder im Schwimmbad?
A: Am Sonntag waren die meisten Kinder im Schwimmbad.

2. Vervollständige die Tabelle mit den Eintrittspreisen für das Schwimmbad.

a) (·3)

Anzahl Kinder	Preis in €
1	1,20
3	3,60

b) (:4)

Anzahl Familien	Preis in €
1	4,50
4	18,00

c) (·2, ·2)

Anzahl Erwachsene	Preis in €
1	3,00
2	6,00
4	12,00

d) (:5, ·3)

Anzahl Jugendliche	Preis in €
1	2,00
3	6,00
5	10,00

3. Welches Angebot ist günstiger? Vervollständige die Tabellen. Löse die Sachaufgabe.

10er-Karte für 8,00 €

5er-Karte für 3,00 €

(:10)

10er-Karte	Preis in €
10	8,00
1	0,80

(:5)

5er-Karte	Preis in €
5	3,00
1	0,60

A: Die 5er-Karte ist günstiger, da hier ein Eintritt nur 0,60 € kostet.

Körper

zu Schülerbuchseite 79

1. Verbinde.

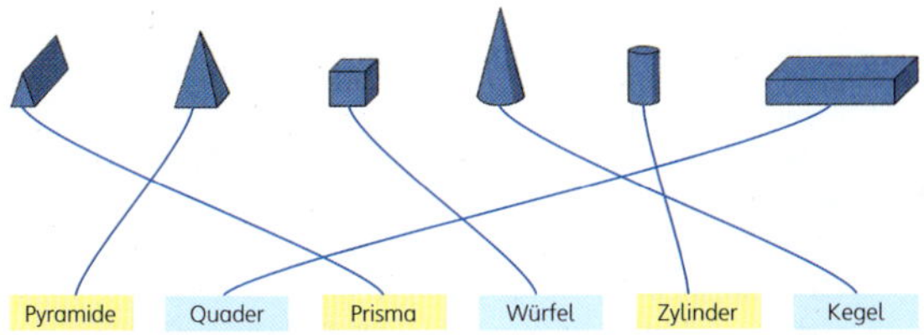

2. Welcher Körper ist es? Trage ein.

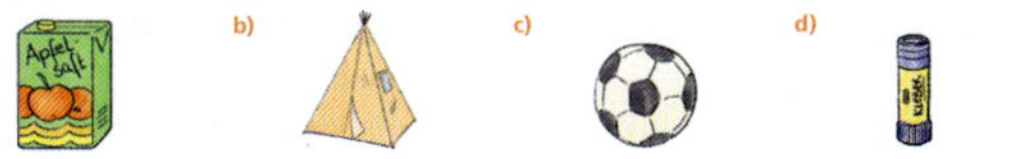

a) Quader b) Pyramide c) Kugel d) Zylinder

3. Ein Gegenstand passt nicht. Kreise ein.

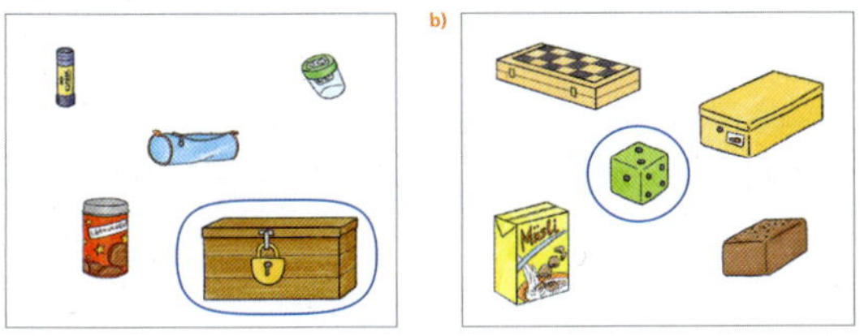

4. Löse das Rätsel. Welcher Körper kann es sein?

a) Ich kann rollen und habe keine Ecken. – Kugel

b) Ich habe 12 Kanten und alle sind gleich lang. – Würfel

c) Ich habe eine Kante und eine Spitze. – Kegel

Körper | Ansichten von Körpern

zu Schülerbuchseite 80

1. Ordne die Ansichten den Körpern zu. Denke an alle Blickrichtungen. Verbinde.

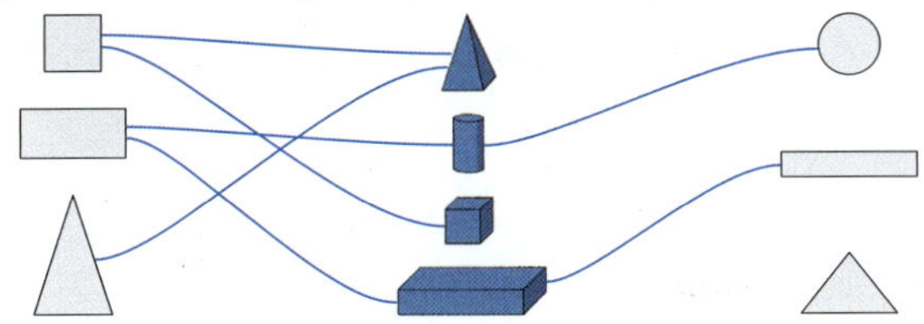

* **2.** Löse das Rätsel. Welcher Körper kann es sein?

a) Ich habe quadratische Seitenflächen. – Würfel

b) Ich habe 2 kreisförmige Seitenflächen. – Zylinder

c) Ich habe dreieckige Seitenflächen. – Pyramide

3. Welche Ansicht ist dargestellt? Verbinde.

a)

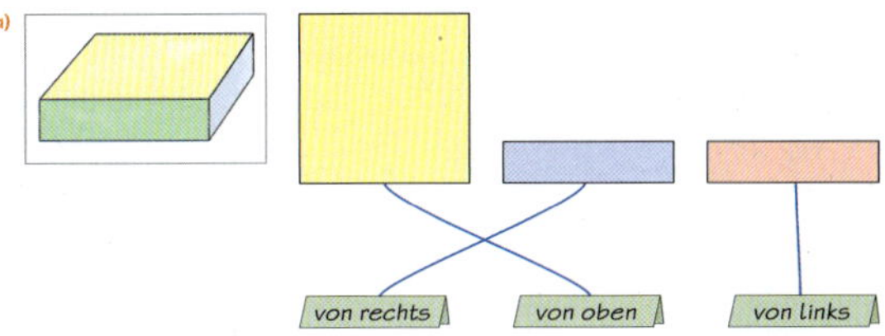

b)

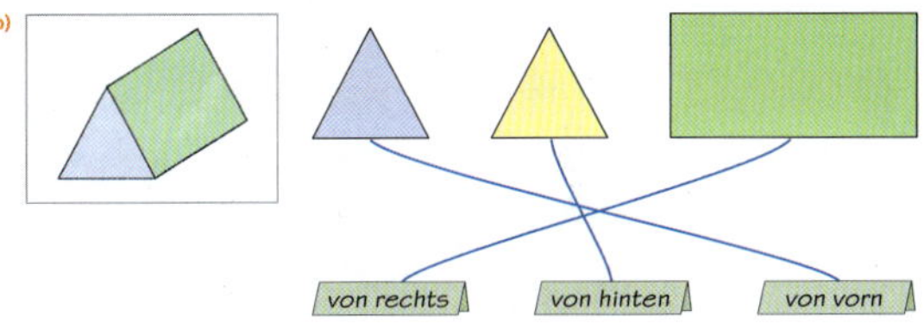

1 Es bleiben Ansichten übrig
2 Zum Teil sind mehrere Lösungen möglich

* Beispiellösung

Körpernetze | Würfelnetze

zu Schülerbuchseiten 81, 82

1. Welcher Körper entsteht, wenn das Netz gefaltet wird? Verbinde.

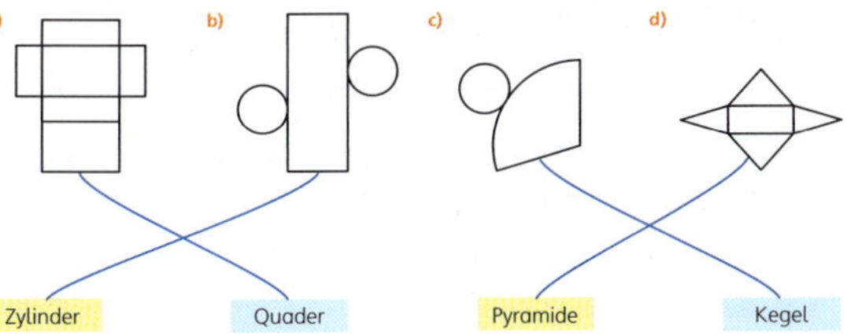

2. Welche Seiten liegen gegenüber? Male sie in der gleichen Farbe an.

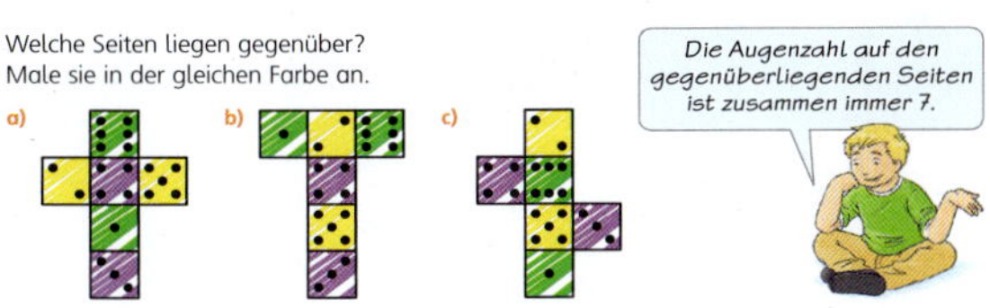

3. Sind das Würfelnetze? Kreuze an.

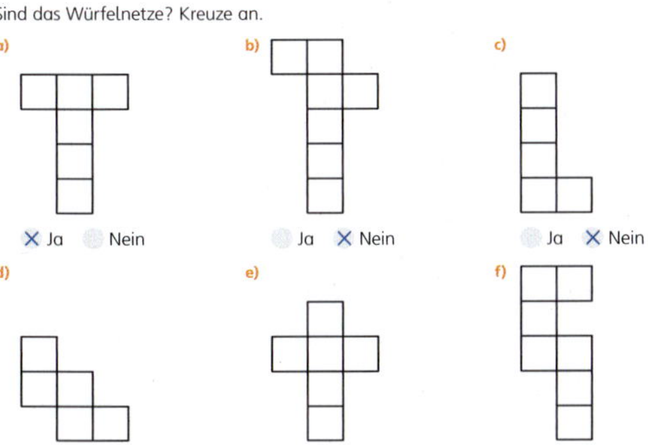

a) ☒ Ja ○ Nein
b) ○ Ja ☒ Nein
c) ○ Ja ☒ Nein
d) ○ Ja ☒ Nein
e) ☒ Ja ○ Nein
f) ○ Ja ☒ Nein

1 Ggf. Netze nachbauen
2–3 Ggf. Sechserwürfel verwenden

Kopfgeometrie | Würfelgebäude und Baupläne

zu Schülerbuchseite 83

1. Welche Zahl liegt oben, wenn der Würfel entlang des Weges gekippt wird? Trage ein.

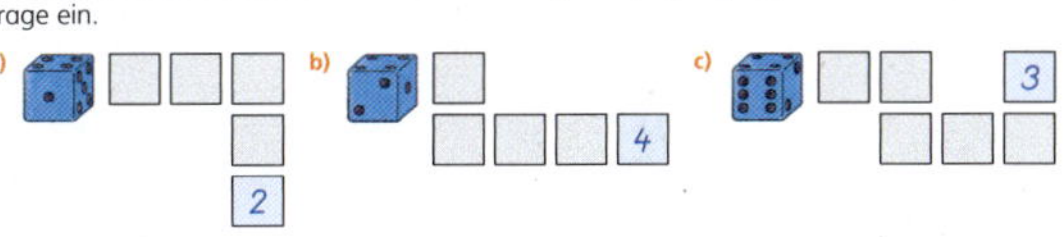

a) 2 b) 4 c) 3

* **2.** Zeichne den Bauplan.

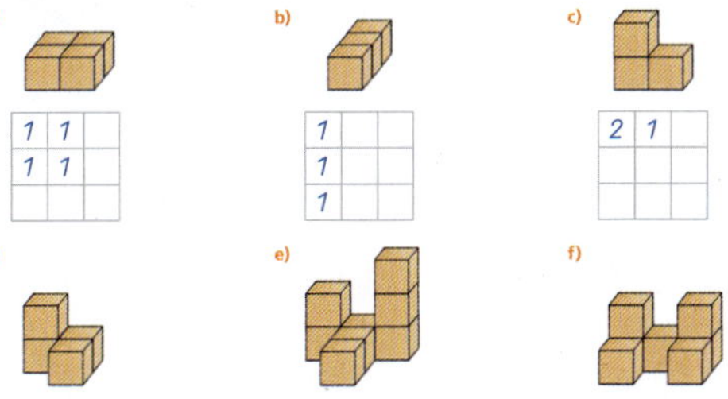

a)

1	1	
1	1	

b)

1		
1		
1		

c)

2	1	

d)

2	1	
	1	

e)

2	1	3
	1	
	1	

f)

2	1	2
1		1

3. Welche Baupläne passen? Denke an die Ansichten. Kreuze an.

a) 

○

1	1	1
	1	

☒

1	2	1

☒

1		
2		
1		

○

1	1	3

b)

☒

1	1	
	1	

○

2	1	
1		

☒

	1	
1	1	

○

	2	
1	1	

c) 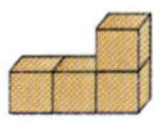

☒

1	1	2

○

2	1	2

☒

		1
		1
		2

○

1		
1		
1		

1 Ggf. Sechserwürfel verwenden
2 Mehrere Lösungen sind möglich
2–3 Ggf. mit Würfeln nachbauen

* Beispiellösung

Uhrzeit – Sekunden

zu Schülerbuchseite 84

1. Wie viele Sekunden sind seit 9 Uhr vergangen?

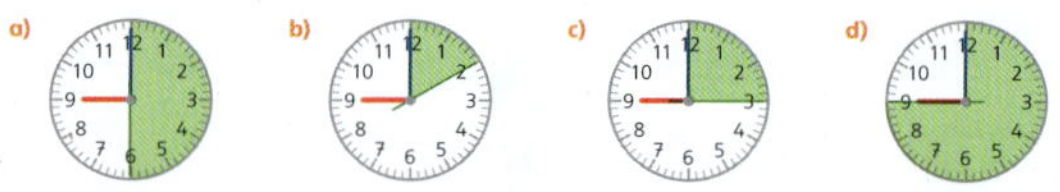

a) 30 s b) 10 s c) 15 s d) 45 s

2. Zeichne die fehlenden Zeiger ein.

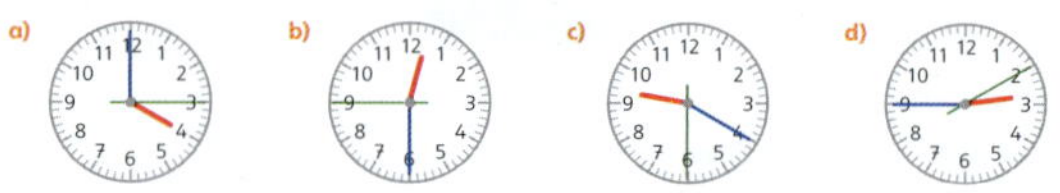

a) 04:00:15 Uhr b) 12:30:45 Uhr c) 09:20:30 Uhr d) 14:45:10 Uhr

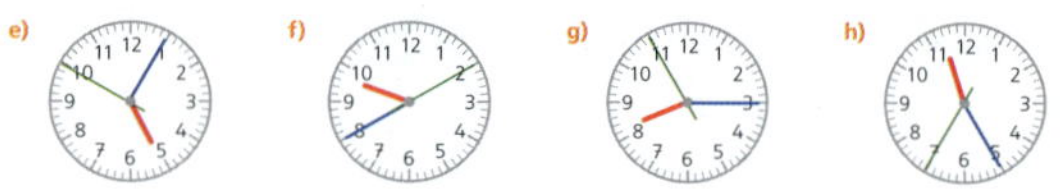

e) 17:05:50 Uhr f) 21:40:10 Uhr g) 08:15:55 Uhr h) 23:25:35 Uhr

3. Welche Uhrzeit wird angezeigt? Schreibe beide Uhrzeiten.

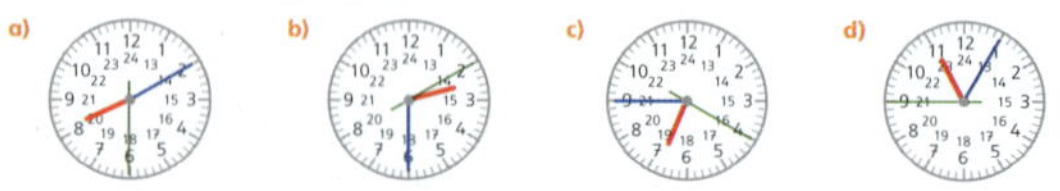

a) 08:10:30 Uhr / 20:10:30 Uhr
b) 02:30:10 Uhr / 14:30:10 Uhr
c) 06:45:20 Uhr / 18:45:20 Uhr
d) 11:05:45 Uhr / 23:05:45 Uhr

4. Zusammen 1 Minute. Male die Paare in der gleichen Farbe an.

15 Sekunden – 12 Sekunden – 20 Sekunden
45 Sekunden – 30 Sekunden – 31 Sekunden
25 Sekunden – 30 Sekunden – 35 Sekunden
29 Sekunden – 48 Sekunden – 40 Sekunden

54

Zeitspannen – Minuten, Stunden, Tage

zu Schülerbuchseite 85

1. Wandle in Stunden und Minuten um.

a) 60 min = 1 h
65 min = 1 h 5 min
80 min = 1 h 20 min
90 min = 1 h 30 min

b) 140 min = 2 h 20 min
150 min = 2 h 30 min
160 min = 2 h 40 min
175 min = 2 h 55 min

c) 180 min = 3 h
195 min = 3 h 15 min
205 min = 3 h 25 min
245 min = 4 h 5 min

d) 253 min = 4 h 13 min
264 min = 4 h 24 min
271 min = 4 h 31 min
295 min = 4 h 55 min

2. Wandle in Minuten um.

a) 2 h = 120 min
3 h = 180 min
5 h = 300 min
8 h = 480 min

b) 1 h 30 min = 90 min
1 h 45 min = 105 min
2 h 15 min = 135 min
5 h 20 min = 320 min

c) 3 h 15 min = 195 min
3 h 40 min = 220 min
4 h 10 min = 250 min
6 h 05 min = 365 min

d) 2 h 24 min = 144 min
3 h 59 min = 239 min
4 h 40 min = 280 min
5 h 35 min = 335 min

3. Zusammen 1 Tag. Male die Paare in der gleichen Farbe an.

12 h – 10 h – 5 h – 12 h – 14 h – 16 h – 8 h – 19 h

4. Ordne nach der Zeitdauer.

~~21 min~~ ~~12 h~~ ~~12 min~~ ~~12 d~~ ~~21 h~~

12 min < 21 min < 12 h < 21 h < 12 d

5. Vergleiche. Setze ein: >, < oder =

a) 20 min < 2 h
45 min < 4 h 5 min
3 h 10 min > 30 min

b) 1 h 15 min = 75 min
40 min < 4 h 20 min
5 h > 55 min

c) 14 h < 1 d
1 d 2 h = 26 h
2 d 10 h > 5 h 8 min

55

Zeitpunkte – Zeitspannen

zu Schülerbuchseite 86

***1.** Wie viel Zeit ist vergangen? Rechne.

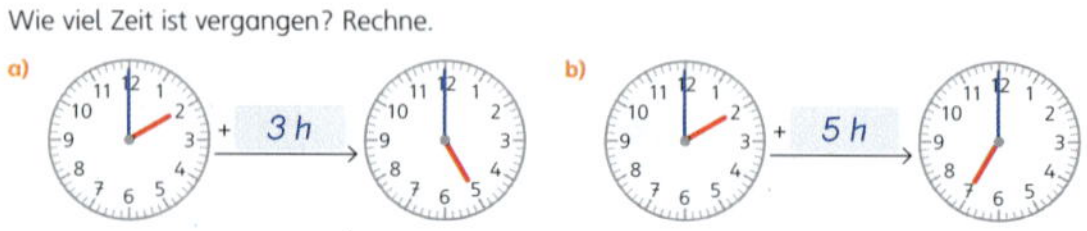

a) 14:00 Uhr + 3 h → 17:00 Uhr
b) 14:00 Uhr + 5 h → 19:00 Uhr

c) 15:00 Uhr + 30 min → 15:30 Uhr
d) 15:00 Uhr + 40 min → 15:40 Uhr

2. Wie viel Zeit ist vergangen? Rechne.

a) 09:10 Uhr + 10 min → 09:20 Uhr
b) 11:35 Uhr + 20 min → 11:55 Uhr
c) 13:15 Uhr + 45 min → 14:00 Uhr
d) 13:15 Uhr + 1 h → 14:15 Uhr

3. Wie spät ist es dann? Rechne und zeichne die Zeiger ein.

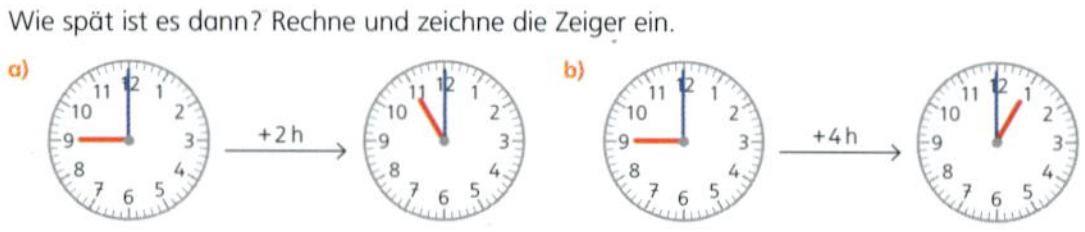

a) 09:00 Uhr + 2 h → 11:00 Uhr
b) 09:00 Uhr + 4 h → 13:00 Uhr

c) 13:00 Uhr + 15 min → 13:15 Uhr
d) 13:00 Uhr + 35 min → 13:35 Uhr

4. Wie spät ist es dann? Rechne.

a) 14:30 Uhr + 25 min → 14:55 Uhr
b) 06:14 Uhr + 39 min → 06:53 Uhr
c) 12:45 Uhr + 20 min → 13:05 Uhr
d) 18:55 Uhr + 10 min → 19:05 Uhr
e) 15:35 Uhr + 30 min → 16:05 Uhr
f) 17:15 Uhr + 1 h → 18:15 Uhr

56

* Beispiellösung

1 Mehrere Lösungen sind möglich

Kalender

zu Schülerbuchseite 88

1. Male die Satzteile, die zusammengehören, in der gleichen Farbe an.

Ein Jahr hat 12 Monate … – ein Jahr 366 Tage … – Ein Jahr hat …
52 Wochen und eine Woche hat … – Ein Monat hat 30 Tage … – 7 Tage.
und der Februar 29 Tage. – und ein Jahr hat 365 Tage. – Nur der Februar …
oder ein Monat hat 31 Tage. – hat 28 Tage. – In einem Schaltjahr hat …

2. Beantworte die Fragen zum Kalenderblatt.

Januar 2030						
Mo	Di	Mi	Do	Fr	Sa	So
	1	2	3	4	5	6
7	8	9	10	11	~~12~~	13
14	15	16	17	18	19	20
21	22	23	24	25	26	27
28	29	30	31			

a) Welcher Monat wird angezeigt? Januar

b) Wie viele Tage hat der Monat? 31 Tage

c) Was bedeutet Do auf dem Kalender? Donnerstag

d) Tim hat am 27. Januar Geburtstag. Welcher Wochentag ist das? Sonntag

e) Tims Schwester hat drei Tage später Geburtstag. Welches Datum ist das?
Mittwoch, der 30. Januar 2030

3. Beantworte die Fragen zum Kalenderblatt.

a) Welcher Wochentag ist der 12. Januar? Samstag

b) Kreuze den Tag im Kalenderblatt in Aufgabe 2 an.

c) Welcher Wochentag und welches Datum ist vier Tage später?
Mittwoch, der 16. Januar 2030

d) Welcher Wochentag und welches Datum war gestern?
Freitag, der 11. Januar 2030

57

Vorbereitung der schriftlichen Addition
zu Schülerbuchseite 91

1. Welche Ziffer verändert sich? Zeichne dazu. Umkreise und trage die neue Zahl in die Stellenwerttabelle ein.

a) Die Zahl heißt 323. Es kommen 3E dazu.

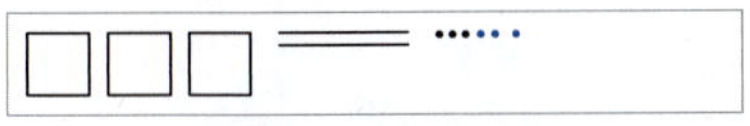

Die neue Zahl heißt:

T	H	Z	(E)
	3	2	6

b) Die Zahl heißt 523. Es kommen 2Z dazu.

Die neue Zahl heißt:

T	H	(Z)	E
	5	4	3

2. Wie heißt die Zahl? Trage ein. Bündele dann und trage die gebündelte Zahl ein.

a)  12 E, gebündelte Zahl: 1 Z + 2 E

 12 Z, gebündelte Zahl: 1 H + 2 Z

b) 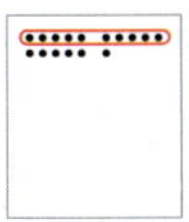 16 E, gebündelte Zahl: 1 Z + 6 E

 16 Z, gebündelte Zahl: 1 H + 6 Z

c) 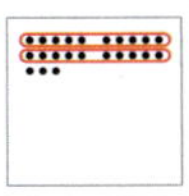 23 E, gebündelte Zahl: 2 Z + 3 E

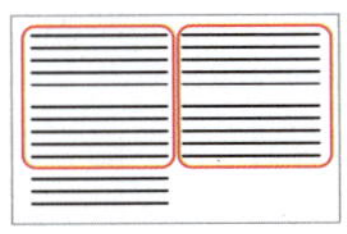 23 Z, gebündelte Zahl: 2 H + 3 Z

3. Wie heißt die Zahl? Trage ein. Bündele dann und trage die gebündelte Zahl ein.

 14 Z, gebündelte Zahl: 1 H + 4 Z

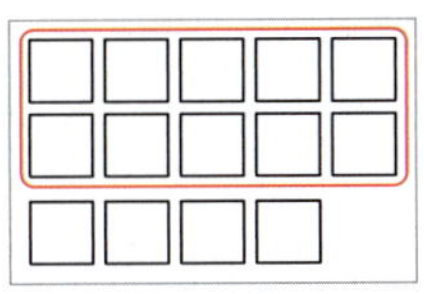 14 H, gebündelte Zahl: 1 T + 4 H

Schriftliche Addition
zu Schülerbuchseite 92

1. Zeichne die Zahl und bündele. Trage ein.

a) 2H 6Z 13E

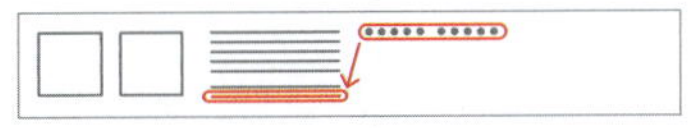

Ich bündele 10E zu 1Z. Die Zahl heißt: 273

b) 3H 4Z 17E

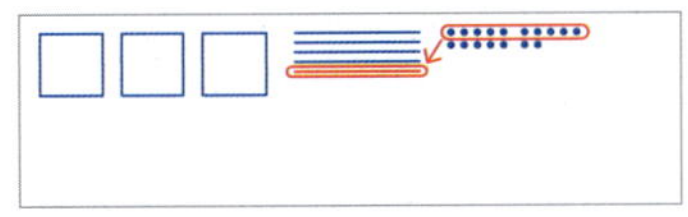

Ich bündele 10E zu 1Z. Die Zahl heißt: 357

c) 1H 12Z 4E

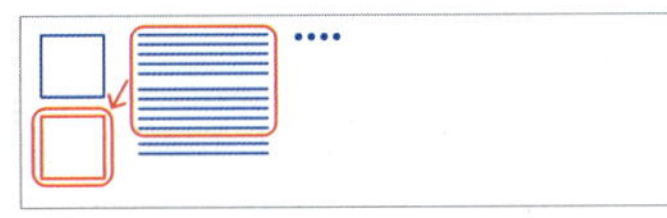

Ich bündele 10Z zu 1H. Die Zahl heißt: 224

2. Addiere und zeichne.

a)

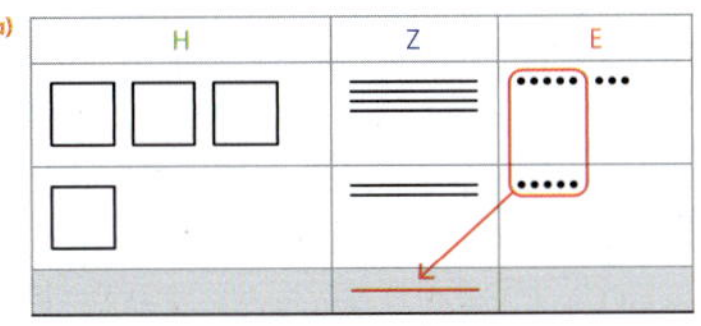

	H	Z	E
	3	4	8
+	1	2	5
		1	
	4	7	3

b)

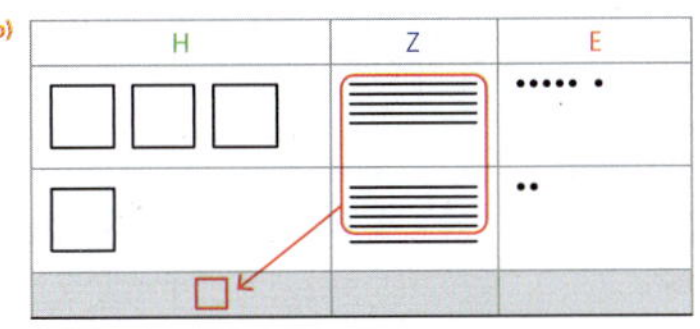

	H	Z	E
	3	5	6
+	1	6	2
	1		
	5	1	8

Schriftliche Addition
zu Schülerbuchseite 93

1. Unterstreiche die Einer und runde auf Zehner.

a) 25<u>7</u> ≈ 260; 84<u>1</u> ≈ 840
b) 96<u>2</u> ≈ 960; 67<u>6</u> ≈ 680

2. Unterstreiche die Zehner und runde auf Hunderter.

a) 3<u>2</u>9 ≈ 300; 1<u>8</u>2 ≈ 200
b) 4<u>6</u>8 ≈ 500; 7<u>4</u>9 ≈ 700

3. Rechne nur den Überschlag. Runde dazu auf Zehner.

a) 76<u>8</u> + 23<u>2</u>
Ü: 770 + 230 = 1000

b) 67<u>1</u> + 11<u>6</u>
Ü: 670 + 120 = 790

4. Rechne nur den Überschlag. Runde dazu auf Hunderter.

a) 4<u>1</u>3 + 4<u>7</u>6
Ü: 400 + 500 = 900

b) 3<u>2</u>8 + 5<u>5</u>0
Ü: 300 + 600 = 900

5. Ergänze die fehlenden Ziffern. Denke an die Überträge.

a)

	4	1	5
+	3	2	4
	7	3	9

E: 5 + 4 = 9
Z: 1 + 2 = 3
H: 4 + 3 = 7

↓

	4	1	5
+	3	2	5
		1	
	7	4	0

E: 5 + 5 = 10
Z: 1 + 2 = 3
H: 4 + 3 = 7

b)

	4	7	3
+	1	2	3
	5	9	6

E: 3 + 3 = 6
Z: 7 + 2 = 9
H: 4 + 1 = 5

↓

	4	8	3
+	1	2	3
	6	0	6

E: 3 + 3 = 6
Z: 8 + 2 = 0
H: 4 + 1 = 6

6. Welcher Fehler wurde gemacht? Addiere zuerst schriftlich und vergleiche mit der Rechnung. Umkreise den Fehler und verbinde mit der passenden Erklärung.

a) 518 + 143

	5	1	8
+	1	4	3
		1	
	6	6	1

Rechnung: 518 + 143 = 661 (Übertrag fehlt, umkreist) → Übertrag nicht aufgeschrieben

b) 615 + 234

	6	1	5
+	2	3	4
	8	4	9

Rechnung: 615 + 234, Übertrag (1) umkreist, Ergebnis 8(5)9 → Übertrag zu viel

c) 387 + 19

	3	8	7
+		1	9
	1	1	
	4	0	6

Rechnung: 387 + (19) mit Überträgen 1 1 = 577 → nicht stellengerecht

d) 308 + 419

	3	0	8
+	4	1	9
		1	
	7	2	7

Rechnung: 308 + 419 mit Übertrag 1 = 72(6) → falsch addiert

Erklärungen: falsch addiert; nicht stellengerecht; Übertrag nicht aufgeschrieben; Übertrag zu viel; Übertrag nicht gerechnet

Schriftliche Addition
zu Schülerbuchseite 94

1. Zeichne die Zahl und bündele. Trage ein.

a) 3H 4Z 22E

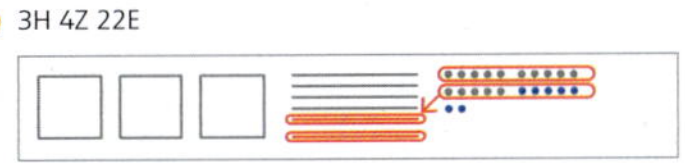

Ich bündele 20E zu 2Z. Die Zahl heißt: 362

b) 2H 23Z 4E

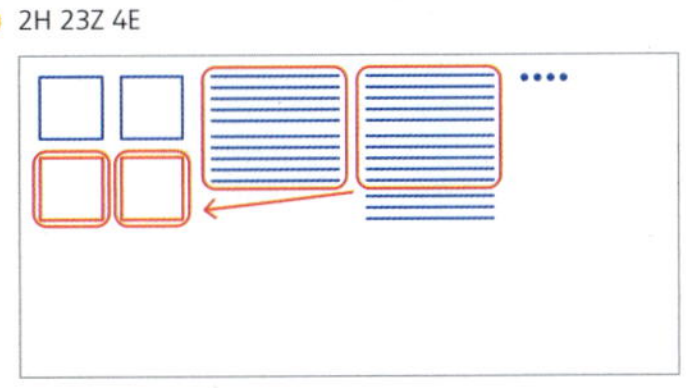

Ich bündele 20Z zu 2H. Die Zahl heißt: 434

2. Addiere und zeichne.

a)

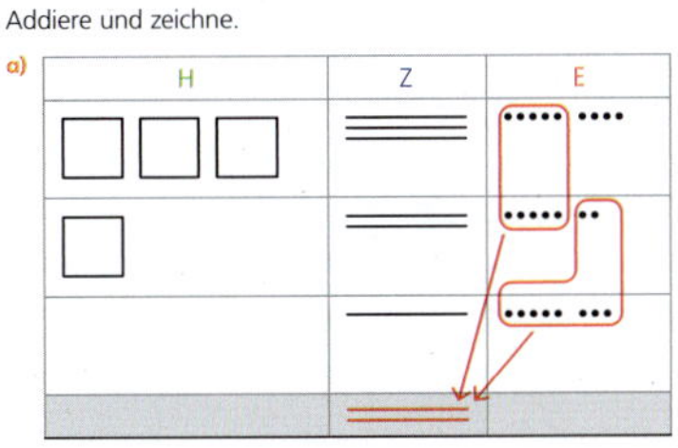

	H	Z	E
	3	3	9
+	1	2	7
+		1	8
		2	
	4	8	4

b)

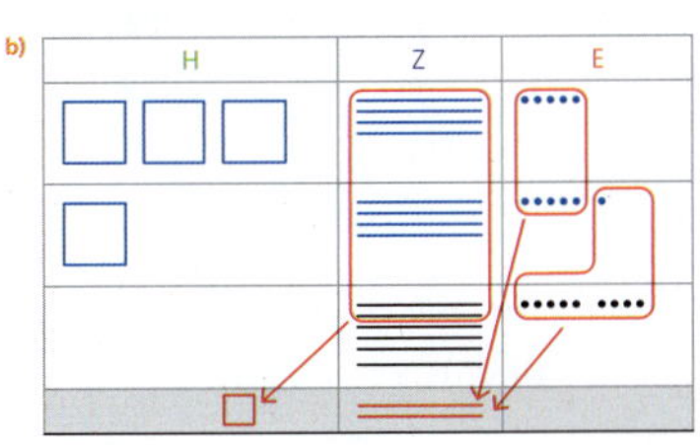

	H	Z	E
	3	4	5
+	1	4	6
+		6	9
	1	2	
	5	6	0

Sachrechnen – Überschlagen und überprüfen

zu Schülerbuchseite 96

1. Welches Ergebnis stimmt? Überschlage und kreuze an.

a) Hanna hat 150 € gespart. Zum Geburtstag bekommt sie 31 € geschenkt. Wie viel Geld hat sie jetzt?

- ○ 172 € ☒ 181 €
- ○ 191 € ○ 202 €

b) Max braucht für den Schulweg täglich 12 min. Wie lange ist er an 5 Schultagen insgesamt unterwegs?

- ○ 30 min ○ 40 min
- ○ 50 min ☒ 60 min

c) Der Schlossberg bei Freiburg ist 456 m hoch. Der kleine Rossberg ist 106 m höher. Wie hoch ist der kleine Rossberg?

- ☒ 562 m ○ 572 m
- ○ 582 m ○ 592 m

d) Mira liest in einem Buch jeden Tag 15 Seiten. Das Buch hat 165 Seiten. Wie viele Tage braucht sie für das Buch?

- ○ 9 Tage ○ 10 Tage
- ☒ 11 Tage ○ 12 Tage

2. Welches Ergebnis kann nicht stimmen? Kreuze an.

- ☒ Ein Schreibheft kostet 8 €.
- ☒ Emma hat 11 Turnbeutel.
- ☒ Max ist 5 m groß.
- ○ Jedes Kind isst 13 Kirschen.
- ○ Im Schulranzen ist eine Flasche.
- ☒ Zähne putzen dauert 5 s.

3. Kann das stimmen? Löse die Sachaufgabe wenn nötig richtig.

a) Tim hat 141 Sammelkarten. Er bekommt noch 23 Karten geschenkt. Wie viele Sammelkarten hat er jetzt?
A: Er hat jetzt 164 Sammelkarten.

b) 5 Stifte kosten 5,50 €. Wie viel kostet nur ein Stift?
A: Ein Stift kostet 10 €.

c) Die Lehrerin gibt jedem Kind 2 Blätter. Es sind 21 Kinder in der Klasse. Wie viele Blätter verteilt die Lehrerin?
A: Sie verteilt 300 Blätter.

b) 550 ct : 5 = 110 ct
500 ct : 5 = 100 ct
50 ct : 5 = 10 ct
A: Ein Stift kostet 1,10 €.

c) 21 · 2 = 42
20 · 2 = 40
1 · 2 = 2
A: Sie verteilt 42 Blätter.

Orientierung im Stadtplan

zu Schülerbuchseiten 98, 99

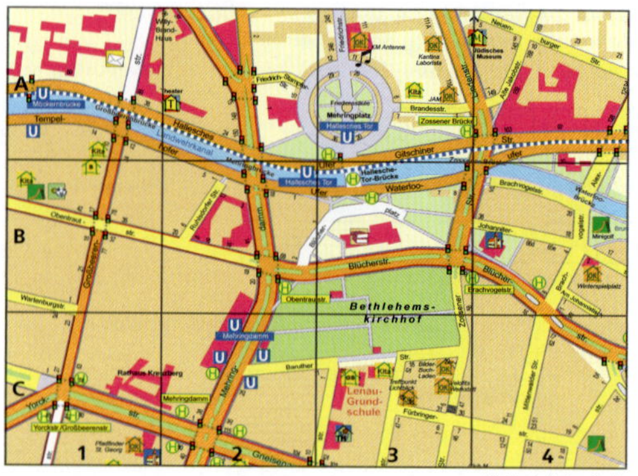

Kinderstadtplan Berlin

Legende

- stark befahrene Straßen mit Gehweg (Tempo 50 oder mehr)
- … mit Radweg/ Radverkehrsstreifen
- … Fußgängerüberweg mit Ampel
- Bushaltestelle
- S-Bahn-/U-Bahn-Haltestelle
- Öffentliche Gebäude
- Schule
- Grundschule (Schulhof zum Spielen)
- Kirche
- Spielplatz
- Ballspielplatz
- Post
- Museum
- Musikschule
- Turnhalle
- Bücherei

1. Welches Planquadrat siehst du?

a) 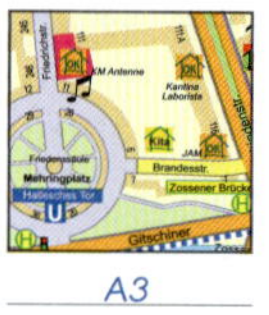 A3

b)  C1

c) 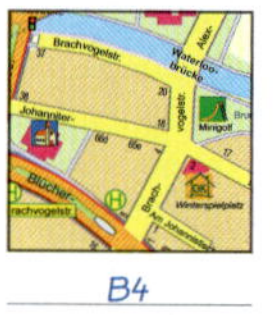 B4

2. In welchem Planquadrat findest du …

a) eine Schule B1

b) eine Bücherei B3

c) eine Musikschule A3

d) eine Kirche C1, B4

Vorbereitung – Abziehverfahren

zu Schülerbuchseite 101

1. Entbündele, zeichne und trage ein.

a) Entbündele einen Hunderter.

2H → 1 H 10 Z

b) Entbündele einen Hunderter.

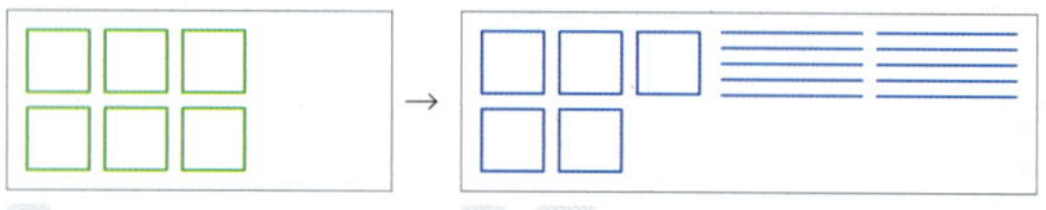

6 H → 5 H 10 Z

c) Entbündele einen Zehner.

3Z → 2 Z 10 E

d) Entbündele einen Zehner.

5 Z → 4 Z 10 E

2. Entbündele und trage ein.

a) Entbündele einen Hunderter.

- 7 H = 6 H 10 Z
- 9 H = 8 H 10 Z
- 3 H 7 Z = 2 H 17 Z
- 1 H 4 Z 1 E = 14 Z 1 E

b) Entbündele einen Zehner.

- 4 Z = 3 Z 10 E
- 6 Z = 5 Z 10 E
- 3 Z 4 E = 2 Z 14 E
- 2 Z 8 E = 1 Z 18 E

3. Immer zwei Kärtchen gehören zusammen. Male sie in der gleichen Farbe an.

5H 15Z (grün) · 871 (gelb) · 8H 6Z 11E (gelb) · 429 (blau) · 234 (rot) · 1H 13Z 4E (rot) · 650 (grün) · 4H 1Z 19E (blau)

3 Ggf. Stellenwerttabelle nutzen

Schriftliche Subtraktion – Abziehverfahren

zu Schülerbuchseite 102

1. Rechne im Kopf.

a) 5 − 4 = 1; 10 − 5 = 5
b) 8 − 4 = 4; 13 − 3 = 10
c) 15 − 7 = 8; 12 − 9 = 3
d) 17 − 8 = 9; 16 − 9 = 7

2. Subtrahiere schriftlich.

a) 9 − 3 = 6; 4 − 2 = 2; 3 − 1 = 2
349 − 123 = 226

b) 14 − 5 = 9; 2 − 0 = 2; 5 − 2 = 3
534 − 205 = 329

c) 946 − 737 = 209
d) 519 − 420 = 99
e) 823 − 606 = 217
f) 727 − 530 = 197
g) 469 − 221 = 248
h) 691 − 159 = 532
i) 583 − 491 = 92
j) 927 − 248 = 679
k) 322 − 49 = 273
l) 608 − 548 = 60

3. Schreibe stellengerecht untereinander und subtrahiere schriftlich.

a) 235 − 116 = 119
b) 624 − 426 = 198
c) 297 − 178 = 119
d) 458 − 69 = 389
e) 498 − 389 = 109
f) 534 − 215 = 319
g) 138 − 87 = 51
h) 935 − 508 = 427
i) 385 − 146 = 239
j) 753 − 109 = 644

Schriftliche Subtraktion – Abziehverfahren

zu Schülerbuchseiten 103, 104

1. Welches Ergebnis kann stimmen? Überschlage zuerst. Male das richtige Ergebnis an. Überprüfe, indem du schriftlich subtrahierst.

a) 476 – 123
Ü: 480 – 120 = 360
353 (angemalt) | 253 | 453
H Z E: 476 − 123 = 353

b) 573 – 357
Ü: 570 – 360 = 210
326 | 436 | 216 (angemalt)
H Z E: 573 − 357 = 216 (Entbündelung: 6 13)

c) 892 – 443
Ü: 890 – 440 = 450
490 | 480 | 449 (angemalt)
H Z E: 892 − 443 = 449 (Entbündelung: 8 12)

d) 643 – 317
Ü: 640 – 320 = 320
326 (angemalt) | 336 | 356
H Z E: 643 − 317 = 326 (Entbündelung: 3 13)

2. Welcher Fehler wurde gemacht? Kreuze an. Subtrahiere richtig.

a) H Z E: 517 − 267 = 784
× Es wurde addiert statt subtrahiert.
○ Das Entbündeln wurde nicht notiert.
Richtig: 517 − 267 = 250 (Entbündelung: 4 11)

b) H Z E: 893 − 77 = 123
× Die Ziffern wurden nicht stellengerecht untereinander notiert.
○ Es wurde die obere Zahl von der unteren Zahl subtrahiert.
Richtig: 893 − 77 = 816 (Entbündelung: 8 13)

3. Subtrahiere schriftlich. Achte auf die Null.

a) 304 − 149 = 155
b) 604 − 446 = 158
c) 313 − 80 = 233
d) 760 − 267 = 493
e) 100 − 80 = 20
f) 302 − 136 = 166
g) 300 − 142 = 158
h) 750 − 670 = 80
i) 727 − 308 = 419
j) 810 − 99 = 711

Vorbereitung – Ergänzungsverfahren

zu Schülerbuchseite 105

1. Ergänze.

a)	b)	c)
540 + 40 = 580	786 + 4 = 790	476 + 14 = 490
460 + 40 = 500	593 + 7 = 600	254 + 16 = 270
780 + 30 = 810	952 + 18 = 970	302 + 38 = 340

2. Wie groß ist der Unterschied? Löse durch Ergänzen.

a)	b)	c)
250 – 150 = 100	877 – 873 = 4	615 – 613 = 2
150 + 100 = 250	873 + 4 = 877	613 + 2 = 615

d)	e)	f)
372 – 342 = 30	936 – 906 = 30	864 – 724 = 140
342 + 30 = 372	906 + 30 = 936	724 + 140 = 864

3. Was ist der Unterschied zwischen den beiden Aufgaben? Umkreise und rechne.

a) 49 – 22 | 59 – 32

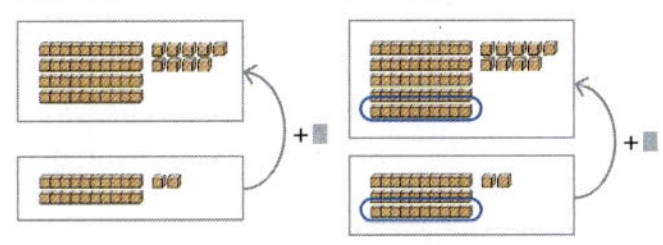

49 – 22 = 27
59 – 32 = 27

b) 800 – 600 | 900 – 700

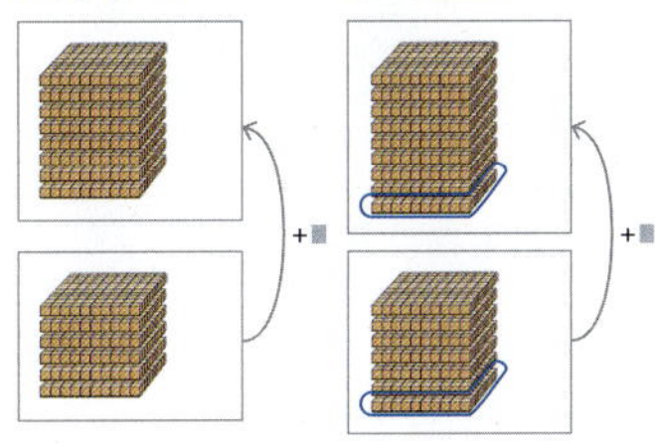

800 – 600 = 200
900 – 700 = 200

4. Immer zwei Kärtchen gehören zusammen. Male sie in der gleichen Farbe an.

845 | 635 | 945 | 426
8H 3Z 15E | 8H 14Z 5E | 4H 1Z 16E | 5H 13Z 5E

4 Ggf. Stellenwerttabelle nutzen

Schriftliche Subtraktion – Ergänzungsverfahren

zu Schülerbuchseite 106

1. Subtrahiere schriftlich.

a) 419 − 243: 3 + 6 = 9 → 6; 4 + 7 = 11 → 76; 3 + 1 = 4 → 176

b) 633 − 306: 6 + 7 = 13 → 7; 1 + 2 = 3 → 27; 3 + 3 = 6 → 327

c) 946 − 737 = 209
d) 519 − 420 = 99
e) 823 − 606 = 217
f) 727 − 530 = 197
g) 615 − 341 = 274
h) 691 − 159 = 532
i) 583 − 491 = 92
j) 917 − 248 = 669
k) 322 − 49 = 273
l) 902 − 68 = 834

2. Subtrahiere schriftlich.

a) 867 − 624 = 243
b) 624 − 87 = 537
c) 958 − 387 = 571
d) 387 − 198 = 189
e) 651 − 624 = 27
f) 958 − 87 = 871
g) 867 − 650 = 217
h) 653 − 198 = 455
i) 146 − 122 = 24
j) 444 − 202 = 242

Schriftliche Subtraktion – Ergänzungsverfahren

zu Schülerbuchseite 107

1. Schreibe stellengerecht untereinander und subtrahiere schriftlich.

a) 607 – 423 = 184
b) 588 – 463 = 125
c) 741 – 563 = 178
d) 486 – 184 = 302
e) 342 – 151 = 191
f) 701 – 588 = 113
g) 109 – 44 = 65
h) 555 – 341 = 214
i) 287 – 77 = 210
j) 999 – 729 = 270

2. Welcher Fehler wurde gemacht? Kreuze an und berichtige.

a) H Z E: 601 − 117 = 594
○ Es wurde addiert statt subtrahiert.
× Es wurde nicht gleichsinnig verändert.
Richtig: 601 − 117 = 484

b) H Z E: 617 − 23 = 387
× Die Ziffern wurden nicht stellengerecht untereinander notiert.
○ Es wurde von oben nach unten gerechnet.
Richtig: 617 − 23 = 594

3. Subtrahiere schriftlich. Achte auf die Null.

a) 840 − 391 = 449
b) 180 − 153 = 27
c) 810 − 28 = 782
d) 576 − 401 = 175
e) 621 − 330 = 291

Gemischte Übungen

zu Schülerbuchseite 108

*1. Subtrahiere schriftlich.

	a)	b)	c)	d)	e)
	680	274	677	821	665
−	409	164	512	444	527
=	271	110	165	377	138

	f)	g)	h)	i)	j)
	395	287	470	824	404
−	151	156	258	612	231
=	244	131	212	212	173

*2. Subtrahiere. Vergleiche die beiden Aufgaben. Markiere den Unterschied.

a) 482 − 282 = 200 482 − 200 = 282

b) 321 − 123 = 198 321 − 198 = 123

*3. Löse das Rätsel.

a) Meine Zahl ist das Ergebnis der Subtraktion von 343 und 221.

343 − 221 = 122

b) Meine Zahl ist die Differenz von 387 und 617.

617 − 387 = 230

*4. Löse die Sachaufgabe.

Mira hat 456 € gespart. Ihr neues Fahrrad kostet 239 €.
Wie viel Geld hat Mira noch in der Spardose?

F: *Wie viel Geld hat Mira noch in der Spardose?*

R: 456 € − 239 € = 217 €

A: *Mira hat noch 217 € in der Spardose.*

1–4 Schriftliche Subtraktion im Abziehverfahren oder Ergänzungsverfahren möglich

* Lösungen im Ergänzungsverfahren. Abziehverfahren unter: das-mathebuch.de/loesung2

Meter und Zentimeter

zu Schülerbuchseite 109

1. Immer drei Längenangaben gehören zusammen. Male sie in der gleichen Farbe an.

160 cm, 4 m 30 cm, 340 cm, 2 m 90 cm, 710 cm, 4,30 m, 7,10 m, 1,60 m, 1 m 60 cm, 7 m 10 cm, 430 cm, 290 cm, 3 m 40 cm, 3,40 m, 2,90 m

2. Wandle in Zentimeter um.

a) 1 m = *100 cm*
2 m = *200 cm*
2 m 50 cm = *250 cm*
4 m 50 cm = *450 cm*
5 m 55 cm = *555 cm*

b) 7,00 m = *700 cm*
2,30 m = *230 cm*
9,90 m = *990 cm*
3,50 m = *350 cm*
6,40 m = *640 cm*

3. Wandle in Kommaschreibweise um.

a) 1 m 20 cm = *1,20 m*
2 m 20 cm = *2,20 m*
2 m 50 cm = *2,50 m*
5 m 50 cm = *5,50 m*
6 m 15 cm = *6,15 m*

b) 130 cm = *1,30 m*
230 cm = *2,30 m*
270 cm = *2,70 m*
455 cm = *4,55 m*
687 cm = *6,87 m*

4. Ordne die Längen der Größe nach.

a) 2 m 30 cm, 7,40 m, 5 m 60 cm, 120 cm, 5,72 m, 3,10 m

120 cm < 2 m 30 cm < 3,10 m < 5 m 60 cm < 5,72 m < 7,40 m

b) 2 m 35 cm, 40 cm, 4,70 m, 190 cm, 8 m 25 cm, 3,80 m

40 cm < 190 cm < 2 m 35 cm < 3,80 m < 4,70 m < 8 m 25 cm

c) 8 m 75 cm, 2,60 m, 92 cm, 3 m 20 cm, 463 cm, 1,25 m

92 cm < 1,25 m < 2,60 m < 3 m 20 cm < 463 cm < 8 m 75 cm

Zentimeter und Millimeter

zu Schülerbuchseite 110

1. Miss die Länge der Strecke mit deinem Lineal. Trage ein. Schreibe in Kommaschreibweise.

a) $\overline{AB}$ = *2,5 cm*

b) $\overline{CD}$ = *6,2 cm*

c) $\overline{EF}$ = *0,8 cm*

d) $\overline{GH}$ = *4,5 cm*

e) $\overline{KL}$ = *4,9 cm*

f) $\overline{MN}$ = *5,2 cm*

g) $\overline{OP}$ = *3,9 cm*

2. Zeichne die Strecke. Beschrifte sie.

a) $\overline{AB}$ = 3 cm b) $\overline{CD}$ = 5 cm c) $\overline{EF}$ = 9 cm d) $\overline{GH}$ = 2 cm

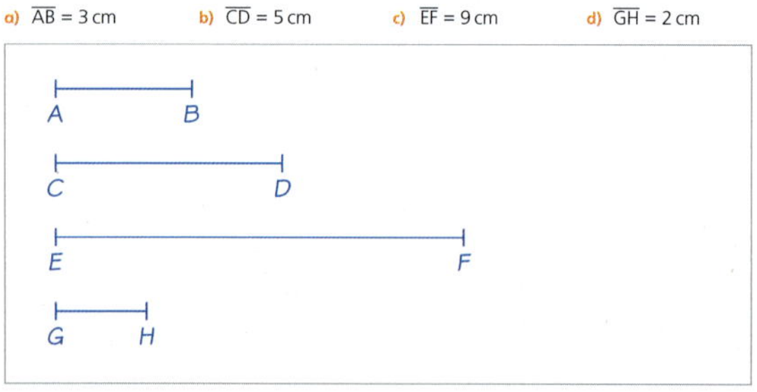

3. Setze ein: >, < oder =

a) 3 cm > 2 cm
7 cm > 4 cm
5 cm < 9 cm
8 cm = 8 cm
4 cm < 7 cm
12 cm > 4 cm

b) 5 mm < 7 mm
2 mm < 4 mm
62 mm < 96 mm
54 mm > 37 mm
33 mm = 33 mm
12 mm < 21 mm

c) 4 cm 1 mm < 4 cm 7 mm
3 cm 5 mm = 3 cm 5 mm
9 cm 4 mm > 1 cm 2 mm
6 cm 8 mm < 8 cm 6 mm
0 cm 4 mm < 0 cm 8 mm
9 cm 3 mm > 3 cm 9 mm

Kilometer und Meter

zu Schülerbuchseite 111

1. Ergänze zu 1 km.

a) 300 m + *700 m* = 1 000 m = 1 km
400 m + *600 m* = 1 000 m = 1 km
800 m + *200 m* = 1 000 m = 1 km
100 m + *900 m* = 1 000 m = 1 km

b) 850 m + *150 m* = 1 000 m = 1 km
650 m + *350 m* = 1 000 m = 1 km
230 m + *770 m* = 1 000 m = 1 km
510 m + *490 m* = 1 000 m = 1 km

2. Berechne die Länge des Weges …

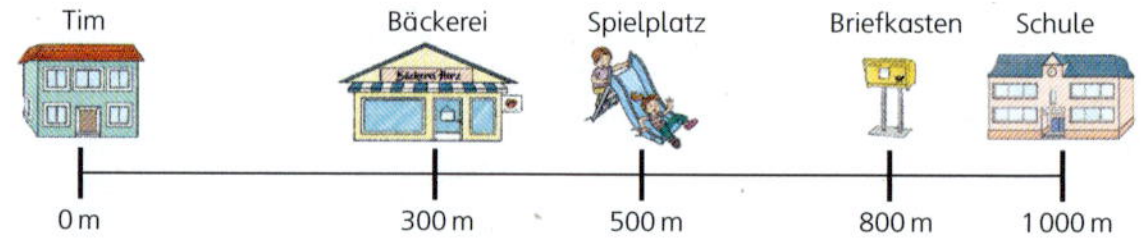

a) von Tims Haus zur Schule: *1 000 m*

b) von Tims Haus zur Bäckerei: *300 m*

c) von Tims Haus zum Briefkasten: *800 m*

d) vom Spielplatz zur Schule: *500 m*

e) vom Briefkasten zur Schule: *200 m*

3. Löse die Sachaufgabe.

a) Die Mosel fließt 310 km durch Frankreich und 230 km durch Deutschland.
Wie lang ist die Mosel insgesamt?

F: *Wie lang ist die Mosel insgesamt?*

R: 310 km + 230 km = 540 km

A: *Die Mosel ist insgesamt 540 km lang.*

b) Der Wurmberg im Harz ist 970 m hoch. Der Boksberg ist 730 m hoch.
Wie viele Meter höher ist der Wurmberg als der Boksberg?

F: *Wie viele Meter höher ist der Wurmberg als der Boksberg?*

R: 970 m − 730 m = 240 m

A: *Der Wurmberg ist 240 m höher als der Boksberg.*

3 Angaben sind gerundet

Größenvorstellungen

zu Schülerbuchseiten 109–111

1. Was gehört zusammen? Male Paare in der gleichen Farbe an.

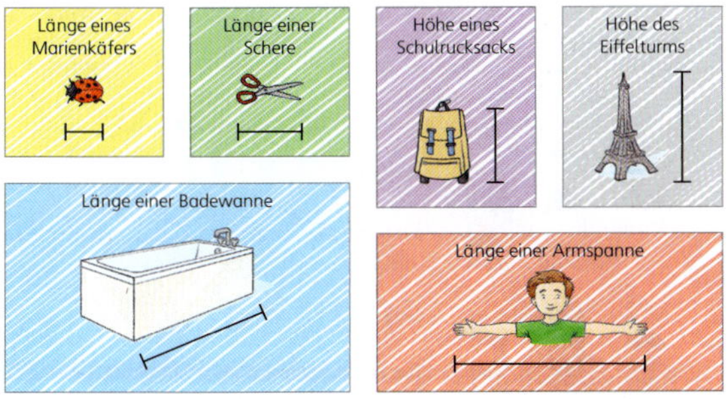

1 m 70 cm | 40 cm | 135 cm | 8 mm | 330 m | 12 cm

2. Ergänze die passende Maßeinheit (mm, cm, m, km).

a) Länge Bleistift: 14 *cm*
Länge Anspitzer: 45 *mm*
Länge Brotdose: 18 *cm*
Höhe Zimmertür: 2 *m*

b) Länge Klassenzimmer: 10 *m*
Länge Turnhalle: 25 *m*
Strecke mit dem Auto in einer Stunde: 60 *km*
Strecke von Hamburg nach München: 800 *km*

3. Trage ein.

Hanna hat beim Schwimmturnier teilgenommen. Sie ist vom *3* -m-Brett gesprungen. Eine *25* -m-Bahn im Schwimmbecken ist sie in 40 s geschwommen. In 5 min ist sie insgesamt *200* m geschwommen.

~~25~~ ~~3~~ ~~200~~

***4.** Finde Gegenstände mit folgenden Maßen. Trage ein.

ca. 1 cm	ca. 10 cm	ca. 1 m

4 Mehrere Lösungen sind möglich

* Individuelle Lösung

Addition und Subtraktion von Kommazahlen

zu Schülerbuchseite 115

***1.** Rechne.

a) 234,71 € + 123,14 € = *357,85 €*

b) 43,19 € + 273,72 € = *316,91 €*

c) 473,05 € + 208,86 € = *681,91 €*

d) 368,75 € − 127,32 € = *241,43 €*

e) 421,63 € − 74,85 € = *346,78 €*

f) 403,14 € − 6,08 € = *397,06 €*

***2.** Rechne schriftlich.

a) 438,71 € + 261,23 € = *699,94 €*

b) 173,45 € + 325,32 € = *498,77 €*

c) 242,72 € − 84,53 € = *158,19 €*

***3.** Rechne.

a) 314,23 m + 123,56 m = *437,79 m*

b) 62,53 m + 329,38 m = *391,91 m*

c) 360,38 m + 251,07 m = *611,45 m*

d) 784,65 m − 231,42 m = *553,23 m*

e) 637,82 m − 69,35 m = *568,47 m*

f) 320,78 m − 8,40 m = *312,38 m*

***4.** Rechne schriftlich.

a) 413,85 m + 124,12 m = *537,97 m*

b) 354,32 m + 242,14 m = *596,46 m*

c) 548,07 m − 5,39 m = *542,68 m*

1–4 Schriftliche Subtraktion im Abziehverfahren oder Ergänzungsverfahren möglich

* Lösungen im Ergänzungsverfahren. Abziehverfahren unter: das-mathebuch.de/loesung2

Gewichte – Kilogramm und Gramm

zu Schülerbuchseite 118

1. Setze ein.

a)

Max *ist leichter als* Tim.
Tim *ist schwerer als* Max.

b)

ist leichter als | ist schwerer als

Hanna *ist schwerer als* Mira.
Mira *ist leichter als* Hanna.

2. Trage die passende Gewichtsangabe ein.

500 g | *1 kg* | *250 g*

1 kg | 500 g | 250 g

3. Verbinde.

$\frac{1}{4}$ kg — 250 g
$\frac{1}{2}$ kg — 500 g
1 kg — 1 000 g

4. Trage die passende Gewichtsangabe ein.

20 g | *100 g* | *1 g*

100 g | 20 g | 1 g

5. Gramm oder Kilogramm? Kreuze an.

○ 5 g	✗ 400 g	○ 20 g	✗ 1 g
✗ 5 kg	○ 400 kg	✗ 20 kg	○ 1 kg

Rechnen mit Gewichten

zu Schülerbuchseiten 119, 120

1. Wie viel wiegen die Lebensmittel? Rechne und schreibe die Antwort.

a)

500 g + 100 g = 600 g

Die Bananen wiegen 600 g.

b)

500 g + 200 g + 50 g = 750 g

Der Blumenkohl wiegt 750 g.

c)

200 g + 20 g + 10 g = 230 g

Die Paprika wiegen 230 g.

2. Ordne der Größe nach.

~~100 kg~~ ~~750 kg~~ ~~$\frac{1}{2}$ kg~~ ~~1000 g~~ ~~5 kg~~ ~~$\frac{1}{4}$ kg~~

$\frac{1}{4}$ kg < *$\frac{1}{2}$ kg* < *1000 g* < *5 kg* < *100 kg* < *750 kg*

3. Ergänze zu 1 kg.

a) 700 g + *300 g* = 1 000 g = 1 kg
295 g + *705 g* = *1000 g* = 1 kg

b) 630 g + *370 g* = *1000 g* = 1 kg
932 g + *68 g* = *1000 g* = 1 kg

4. Ergänze zu $\frac{1}{2}$ kg.

400 g + *100 g* = 500 g = $\frac{1}{2}$ kg
180 g + *320 g* = *500 g* = $\frac{1}{2}$ kg
346 g + *154 g* = *500 g* = $\frac{1}{2}$ kg

5. Ergänze zu $\frac{1}{4}$ kg.

100 g + *150 g* = 250 g = $\frac{1}{4}$ kg
170 g + *80 g* = *250 g* = $\frac{1}{4}$ kg
129 g + *121 g* = *250 g* = $\frac{1}{4}$ kg

6. Setze ein: >, < oder =

a) 380 g *>* 210 g   b) $\frac{1}{2}$ kg *=* 500 g   c) 400 g *<* 400 kg   d) 1 g *<* 100 g

Liter und Milliliter

zu Schülerbuchseiten 122, 123

1. Immer drei Kärtchen gehören zusammen. Male passende Volumenangaben und Messbecher in der gleichen Farbe an.

$\frac{1}{4}$ l | 500 ml | $\frac{1}{2}$ l | 1 l

750 ml | 1 000 ml | $\frac{3}{4}$ l | 250 ml

2. Liter oder Milliliter? Kreuze an.

☒ 5 l	○ 250 l	○ 750 l	☒ 1 l
○ 5 ml	☒ 250 ml	☒ 750 ml	○ 1 ml

3. Ordne der Größe nach.

~~$\frac{3}{4}$ l~~ ~~100 ml~~ ~~1 l~~ ~~50 l~~ ~~$\frac{1}{2}$ l~~ ~~250 ml~~

100 ml < 250 ml < $\frac{1}{2}$ l < $\frac{3}{4}$ l < 1 l < 50 l

4. Ergänze zu 1 l.

300 ml + 700 ml = 1 000 ml = 1 l
820 ml + 180 ml = 1 000 ml = 1 l
245 ml + 755 ml = 1 000 ml = 1 l
976 ml + 24 ml = 1 000 ml = 1 l

5. Ergänze zu $\frac{3}{4}$ l.

500 ml + 250 ml = 750 ml = $\frac{3}{4}$ l
430 ml + 320 ml = 750 ml = $\frac{3}{4}$ l
563 ml + 187 ml = 750 ml = $\frac{3}{4}$ l
702 ml + 48 ml = 750 ml = $\frac{3}{4}$ l

6. Ergänze zu $\frac{1}{2}$ l.

100 ml + 400 ml = 500 ml = $\frac{1}{2}$ l
160 ml + 340 ml = 500 ml = $\frac{1}{2}$ l
217 ml + 283 ml = 500 ml = $\frac{1}{2}$ l
486 ml + 14 ml = 500 ml = $\frac{1}{2}$ l

7. Ergänze zu $\frac{1}{4}$ l.

200 ml + 50 ml = 250 ml = $\frac{1}{4}$ l
120 ml + 130 ml = 250 ml = $\frac{1}{4}$ l
249 ml + 1 ml = 250 ml = $\frac{1}{4}$ l
104 ml + 146 ml = 250 ml = $\frac{1}{4}$ l

78

Rechnen mit Liter und Milliliter

zu Schülerbuchseite 123

1. Setze ein: >, < oder =

a) 320 ml = 320 ml
486 ml < 648 ml
405 ml < 504 ml

b) 126 l < 216 l
973 l > 937 l
444 l = 444 l

c) 750 ml > $\frac{1}{4}$ l
1 000 ml < 10 l
$\frac{1}{2}$ l = 500 ml

d) 100 ml < 100 l
250 l = 250 l
367 ml < 367 l

2. Wie viele Milliliter haben die Kinder? Rechne und schreibe die Antwort.

a) 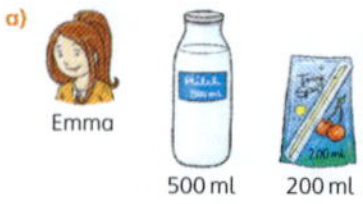

500 ml + 200 ml = 700 ml

Emma hat 700 ml.

b) 

500 ml + 500 ml = 1 000 ml

Tim hat 1 000 ml.

c) 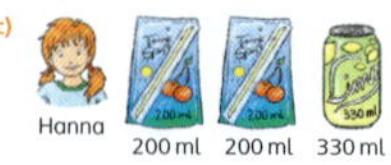

200 ml + 200 ml + 330 ml = 730 ml

Hanna hat 730 ml.

3. Löse die Sachaufgabe.

Max macht mit $\frac{3}{4}$ l Mineralwasser und 250 ml Apfelsaft eine Schorle.

a) Wie viele Milliliter Schorle erhält Max?

L: 750 ml 250 ml

R: 750 ml + 250 ml = 1 000 ml

A: Max erhält 1 000 ml Schorle.

b) Wie viele Milliliter Schorle sind es, wenn er nur $\frac{1}{2}$ l Mineralwasser nimmt?

L: 500 ml 250 ml

R: 500 ml + 250 ml = 750 ml

A: Es sind 750 ml Schorle.

79

Rechenregeln | Gleichungen und Ungleichungen

zu Schülerbuchseiten 125, 126

1. Rechne. Achte auf die Punkt- vor Strichrechnung.

a) 3 · 6 + 7 = 18 + 7 = 25
6 · 8 + 5 = 48 + 5 = 53
12 + 4 · 3 = 12 + 12 = 24
50 − 10 · 5 = 50 − 50 = 0

b) 6 · 4 − 20 = 24 − 20 = 4
6 · 6 − 12 = 36 − 12 = 24
15 : 5 + 7 = 3 + 7 = 10
36 : 6 − 2 = 6 − 2 = 4

2. Rechne. Achte auf die Punkt- vor Strichrechnung.

a) 2 · 6 + 4 · 3 = 24
12 + 12 = 24

b) 5 · 4 − 2 · 5 = 10
20 − 10 = 10

c) 3 · 7 + 50 : 10 = 26
21 + 5 = 26

d) 7 · 1 + 3 · 6 = 25
7 + 18 = 25

e) 8 · 8 − 2 · 4 = 56
64 − 8 = 56

f) 90 : 9 − 3 · 3 = 1
10 − 9 = 1

g) 6 · 5 + 2 · 9 = 48
30 + 18 = 48

h) 6 · 5 − 5 · 4 = 10
30 − 20 = 10

i) 25 : 5 + 35 : 7 = 10
5 + 5 = 10

3. Rechne von links nach rechts.

a) 5 · 9 · 1 = 45
3 · 5 · 2 = 30
2 · 7 · 2 = 28
6 · 4 · 0 = 0

b) 25 + 75 + 20 = 120
20 + 30 + 50 = 100
200 − 80 − 100 = 20
500 − 30 − 20 = 450

c) 5 · 2 : 10 = 1
8 · 1 · 8 = 64
60 : 6 : 5 = 2
100 : 10 · 4 = 40

4. Rechne. Finde alle passenden Zahlen. Trage ein.

a) 4 · 6 = 20 + ■ Lösung: 4
4 · 6 > 20 + ■ Lösungen: 0, 1, 2, 3

b) 5 · 8 = 32 + ■ Lösung: 8
5 · 8 > 32 + ■ Lösungen: 0, 1, 2, 3, 4, 5, 6, 7

c) 8 · 8 = 60 + ■ Lösung: 4
8 · 8 > 60 + ■ Lösungen: 0, 1, 2, 3

d) 3 · 7 = 15 + ■ Lösung: 6
3 · 7 > 15 + ■ Lösungen: 0, 1, 2, 3, 4, 5

e) 8 · 3 = 4 · ■ Lösung: 6
8 · 3 > 4 · ■ Lösungen: 0, 1, 2, 3, 4, 5

f) 3 · 10 = 6 · ■ Lösung: 5
3 · 10 > 6 · ■ Lösungen: 0, 1, 2, 3, 4

80

1. Rechne die Multiplikationsaufgabe.

a) 3 / 20, 4

b) 50 / 2, 10

c) 9 / 50, 3

d) 20 / 30, 10

e) 6 / 3, ___ — 120

f) 20 / ___, 4 — 100

2. Setze ein: >, < oder =

a)	b)	c)	d)
2 · 25 ◯ 50	600 ◯ 60 · 9	200 ◯ 4 · 49	2 · 30 ◯ 3 · 20
7 · 20 ◯ 150	200 ◯ 8 · 25	240 ◯ 40 · 6	25 · 5 ◯ 12 · 10
23 · 10 ◯ 220	70 ◯ 5 · 12	210 ◯ 7 · 30	50 · 4 ◯ 2 · 90
50 · 7 ◯ 360	730 ◯ 80 · 9	245 ◯ 50 · 5	11 · 3 ◯ 22 · 2

3. Rechne die Multiplikationsaufgabe.

a) 2 | 5 | 4

b) 10 | 5 | 2

c) 20 | 4 | 2

d) 10 | 2 | 20

4. Finde eine passende Frage und löse die Sachaufgabe.

Preistafel

Brezel	0,80 €
Brötchen	0,25 €
Muffin	1,50 €
Brot	3,00 €

Emma

F:

1. Finde alle Aufgabenfamilien zu der Ergebniszahl. Multipliziere und dividiere.

a) Ergebniszahl 8

8 8

1 · = 8

b) Ergebniszahl 9

9 9

2. Schreibe zu jeder Zahl alle Teiler auf.

a) Teiler von 8: (4 Teiler)

b) Teiler von 9: (3 Teiler)

3. Welche Ziffern müssen an der Einerstelle stehen, damit die Zahlen jeweils ohne Rest teilbar sind?

a) Teilbarkeit durch 2 …

ohne Rest	**mit Rest**
16, 8, 4, 12, 20, 10, 6, 14, 18, 2	19, 3, 7, 15, 11, 13, 5, 1, 17, 9

E: ______

b) Teilbarkeit durch 5 …

ohne Rest	**mit Rest**
10, 25, 40, 35, 15, 45, 5, 50, 30	11, 2, 23, 34, 46, 27, 6, 18, 29, 37

E: ______

4. Dividiere.

a) 17 : 2 =
15 : 5 =
22 : 10 =

b) 29 : 5 =
19 : 3 =
24 : 4 =

c) 38 : 6 =
26 : 4 =
47 : 10 =

5. Dividiere.

a)

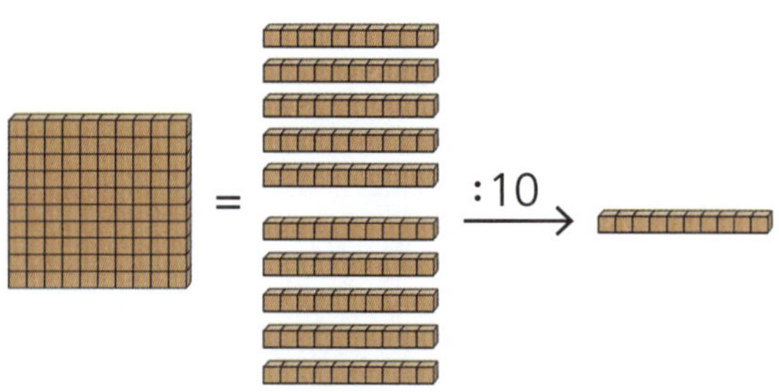

: 10 =

b)

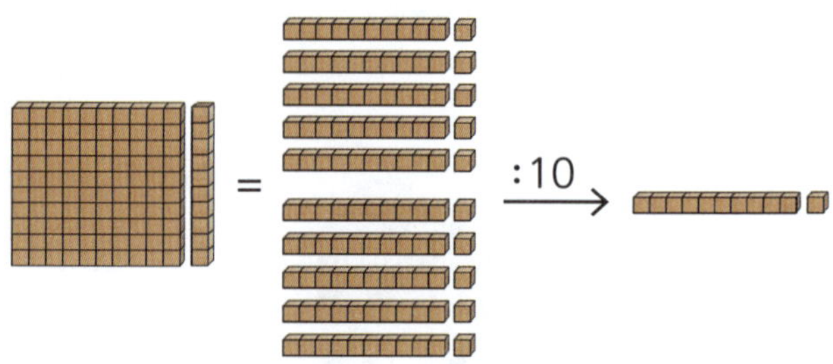

: 10 =

1 Zum Teil sind mehrere Lösungen möglich

1. Kreise ein und dividiere.

a)

6 : 3 = ___ 60 : 3 = ___ 600 : 3 = ___

b)

5 : 5 = ___ 50 : 5 = ___ 500 : 5 = ___

2. Rechne zuerst alle kleinen Aufgaben. Zu jeder kleinen Aufgabe gehört auch eine große Aufgabe. Male sie in der gleichen Farbe an. Rechne dann auch die große Aufgabe.

120 : 6 = ___	36 : 4 = ___	14 : 2 = ___	210 : 3 = ___
140 : 2 = ___	21 : 3 = ___	360 : 4 = ___	12 : 6 = ___

3. Schreibe auch die kleine Aufgabe. Rechne die kleine Aufgabe zuerst.

a) 120 : 4 = ___
___ : ___ = ___

b) 150 : 3 = ___
___ : ___ = ___

c) 160 : 2 = ___
___ : ___ = ___

4. Dividiere.

a) 400 : 200 = ___
400 $\xrightarrow{:100}$ ___ $\xrightarrow{:2}$ ___

b) 900 : 30 = ___
900 $\xrightarrow{:10}$ ___ $\xrightarrow{:3}$ ___

c) 800 : 400 = ___
800 $\xrightarrow{:100}$ ___ $\xrightarrow{:4}$ ___

d) 140 : 70 = ___
140 $\xrightarrow{:10}$ ___ $\xrightarrow{:7}$ ___

e) 240 : 80 = ___
240 $\xrightarrow{:10}$ ___ $\xrightarrow{:8}$ ___

f) 300 : 50 = ___
300 $\xrightarrow{:10}$ ___ $\xrightarrow{:5}$ ___

5. Rechne die Umkehraufgabe zuerst.

a) 160 : 40 = ___
___ · 40 = 160

b) 250 : 50 = ___
___ · 50 = 250

c) 400 : 50 = ___
___ · 50 = 400

1. Mit welcher Zahl fängst du an? Verbinde und berechne den Quotienten.

a) 30, 80, 60
84 : 3 = ___
60 : 3 = ___
___ : ___ = ___

b) 120, 100, 80
128 : 4 = ___
___ : ___ = ___
___ : ___ = ___

c) 200, 220, 240
258 : 6 = ___
___ : ___ = ___
___ : ___ = ___

d) 100, 150, 190
190 : 5 = ___
___ : ___ = ___
___ : ___ = ___

e) 160, 100, 200
184 : 8 = ___
___ : ___ = ___
___ : ___ = ___

f) 100, 180, 190
198 : 9 = ___
___ : ___ = ___
___ : ___ = ___

2. Berechne den Quotienten.

a)
81 : 3 = ___
60 : 3 = ___
___ : ___ = ___

b)
192 : 6 = ___
180 : 6 = ___
___ : ___ = ___

c)
245 : 7 = ___
210 : 7 = ___
___ : ___ = ___

3. Schreibe die Reihe auf. Mit welcher Zahl fängst du an zu rechnen? Rechne.

a) 30er-Reihe: 30, 60, ___

105 : 3 = ___
___ : ___ = ___
___ : ___ = ___

177 : 3 = ___
___ : ___ = ___
___ : ___ = ___

252 : 3 = ___
___ : ___ = ___
___ : ___ = ___

b) 40er-Reihe: ___

112 : 4 = ___
___ : ___ = ___
___ : ___ = ___

208 : 4 = ___
___ : ___ = ___
___ : ___ = ___

296 : 4 = ___
___ : ___ = ___
___ : ___ = ___

c) 60er-Reihe: ___

84 : 6 = ___
___ : ___ = ___
___ : ___ = ___

282 : 6 = ___
___ : ___ = ___
___ : ___ = ___

474 : 6 = ___
___ : ___ = ___
___ : ___ = ___

d) 70er-Reihe: ___

189 : 7 = ___
___ : ___ = ___
___ : ___ = ___

273 : 7 = ___
___ : ___ = ___
___ : ___ = ___

385 : 7 = ___
___ : ___ = ___
___ : ___ = ___

1. Berechne den Quotienten. Kontrolliere mit der Umkehraufgabe.

a) 12 : 6 = 2 K: 2 · 6 =
b) 20 : 5 = K: · 5 =
c) 18 : 3 = K: · 3 =
d) 35 : 7 = K: · 7 =
e) 48 : 8 = K: · 8 =
f) 54 : 6 = K: · 6 =

2. Berechne den Quotienten. Kontrolliere mit der Umkehraufgabe.

a) 36 : 3 =
30 : 3 =
: =
K: · 3 =
· =
· =

b) 85 : 5 =
50 : 5 =
: =
K: · 5 =
· =
· =

c) 68 : 4 =
40 : 4 =
: =
K: · 4 =
· =
· =

d) 90 : 6 =
60 : 6 =
: =
K: · 6 =
· =
· =

3. Berechne den Quotienten.

a) 416 : 4 =
400 : 4 =
: =
↓
456 : 4 =
400 : 4 =
40 : =
: =

b) 535 : 5 =
500 : 5 =
: =
↓
585 : 5 =
500 : 5 =
50 : =
: =

c) 648 : 6 =
600 : 6 =
: =
↓
708 : 6 =
600 : 6 =
60 : =
: =

d) 721 : 7 =
700 : 7 =
: =
↓
791 : 7 =
700 : 7 =
70 : =
: =

e) 824 : 8 =
800 : 8 =
: =
↓
904 : 8 =
800 : 8 =
80 : =
: =

f) 832 : 4 =
800 : 4 =
: =
↓
872 : 4 =
800 : 4 =
40 : =
: =

1. Rechne.

a) 17 : 4 =
19 : 7 =
26 : 3 =
29 : 5 =

b) 31 : 6 =
38 : 8 =
48 : 5 =
49 : 7 =

c) 55 : 8 =
61 : 7 =
62 : 6 =
86 : 9 =

2. Berechne den Quotienten.

a) 165 : 3 =
150 : 3 =
 : =
↓
166 : 3 =
 : 3 =
 : =

b) 125 : 5 =
100 : 5 =
 : =
↓
129 : 5 =
 : 5 =
 : =

c) 156 : 4 =
120 : 4 =
 : =
↓
158 : 4 =
 : 4 =
 : =

d) 504 : 7 =
490 : 7 =
 : =
↓
510 : 7 =
 : 7 =
 : =

e) 528 : 6 =
480 : 6 =
 : =
↓
529 : 6 =
 : 6 =
 : =

f) 648 : 9 =
630 : 9 =
 : =
↓
656 : 9 =
 : 9 =
 : =

3. Schreibe die Reihe auf. Mit welcher Zahl fängst du an zu rechnen? Rechne.

80er-Reihe: ____________________

172 : 8 =
 : =
 : =

347 : 8 =
 : =
 : =

864 : 8 =
 : =
 : =

1. Rechne. Kontrolliere mit der Umkehraufgabe.

a) 31 : 4 = ___ R ___
K: ___ · ___ = ___
___ + ___ = ___

b) 26 : 8 = ___ R ___
K: ___ · ___ = ___
___ + ___ = ___

c) 46 : 5 = ___ R ___
K: ___ · ___ = ___
___ + ___ = ___

d) 78 : 8 = ___ R ___
K: ___ · ___ = ___
___ + ___ = ___

e) 43 : 6 = ___ R ___
K: ___ · ___ = ___
___ + ___ = ___

f) 68 : 7 = ___ R ___
K: ___ · ___ = ___
___ + ___ = ___

2. Berechne den Quotienten. Kontrolliere mit der Umkehraufgabe.

a) 115 : 3 = ___ R ___
90 : 3 = ___
___ : ___ = ___
___

K: ___ · 3 = ___
___ · ___ = ___
___ · ___ = ___
Rest dazu → ___ + ___ = ___

b) 239 : 5 = ___ R ___
200 : ___ = ___
___ : ___ = ___
___

K: ___ · 5 = ___
___ · ___ = ___
___ · ___ = ___
Rest dazu → ___ + ___ = ___

c) 335 : 6 = ___ R ___
300 : ___ = ___
___ : ___ = ___
___

K: ___ · 6 = ___
___ · ___ = ___
___ · ___ = ___
Rest dazu → ___ + ___ = ___

3. Setze fort und rechne.

a)
250 : 5 = ___
251 : 5 = ___
252 : ___ = ___
___ : ___ = ___
___ : ___ = ___
___ : ___ = ___
___ : ___ = ___

b)
320 : 4 = ___
319 : 4 = ___
318 : ___ = ___
___ : ___ = ___
___ : ___ = ___
___ : ___ = ___
___ : ___ = ___

c)
720 : 9 = ___
723 : 9 = ___
726 : ___ = ___
___ : ___ = ___
___ : ___ = ___
___ : ___ = ___
___ : ___ = ___

1. Wandle in Cent um.

a) 0,53 € = ___
0,81 € = ___
0,96 € = ___

b) 1,26 € = ___
1,42 € = ___
1,75 € = ___

c) 2,80 € = ___
5,07 € = ___
9,33 € = ___

2. Wandle in Euro um. Schreibe als Kommazahl.

a) 123 ct = ___
99 ct = ___
72 ct = ___

b) 68 ct = ___
54 ct = ___
196 ct = ___

c) 268 ct = ___
454 ct = ___
832 ct = ___

3. Wandle zuerst in Cent um und rechne. Wandle das Ergebnis wieder in Euro um.

a) 1,92 € : 2 = ___ €
↓ umwandeln ↑
192 ct : 2 = ___ ct
___ : ___ = ___ ct
___ : ___ = ___ ct

b) 2,64 € : 6 = ___ €
↓ umwandeln ↑
___ : 6 = ___ ct
___ : ___ = ___ ct
___ : ___ = ___ ct

c) 3,06 € : 3 = ___ €
↓ umwandeln ↑
___ : 3 = ___ ct
___ : ___ = ___ ct
___ : ___ = ___ ct

d) 4,48 € : 4 = ___ €
↓ umwandeln ↑
___ : 4 = ___ ct
___ : ___ = ___ ct
___ : ___ = ___ ct

4. Löse die Sachaufgabe.

a) Mira und Tim kaufen sich 2 Kuchenstücke. Zusammen kostet es 3,40 €.

F: Wie viel kostet ein Kuchenstück?

R:

A: ___

b) Hanna kauft auf dem Schulfest 4 Lose. Zusammen kostet es 2,60 €.

F: Wie viel kostet ein Los?

R:

A: ___

1. Vervollständige die Tabelle. Beantworte die Fragen.

In einem Schwimmbad werden die Besucher gezählt.
Sonntag: 553 Erwachsene und 304 Kinder.
Montag: 241 Erwachsene und 127 Kinder.

	Erwachsene	Kinder	gesamt
So			
Mo			

a) Wie viele Erwachsene waren am Sonntag im Schwimmbad?

A: ______________________

b) Wie viele Personen waren insgesamt am Sonntag im Schwimmbad?

A: ______________________

c) An welchem Tag waren am wenigsten Erwachsene im Schwimmbad?

A: ______________________

d) An welchem Tag waren die meisten Kinder im Schwimmbad?

A: ______________________

2. Vervollständige die Tabelle mit den Eintrittspreisen für das Schwimmbad.

a) · 3

Anzahl Kinder	Preis in €
1	1,20
3	

b) : 4

Anzahl Familien	Preis in €
1	
4	18,00

c) · 2 · 2

Anzahl Erwachsene	Preis in €
1	3,00
2	
4	

d) : 5

Anzahl Jugendliche	Preis in €
1	
3	
5	10,00

3. Welches Angebot ist günstiger? Vervollständige die Tabellen. Löse die Sachaufgabe.

10er-Karte für 8,00 €

5er-Karte für 3,00 €

: 10

10er-Karte	Preis in €
10	
1	

: 5

5er-Karte	Preis in €
5	

A: ______________________

____

____

____

1. Verbinde.

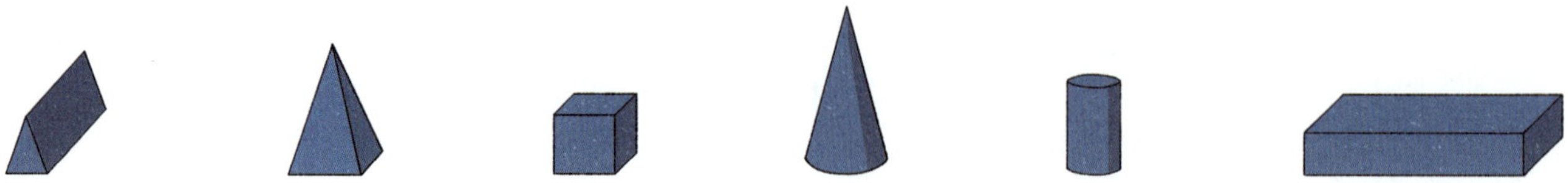

Pyramide | Quader | Prisma | Würfel | Zylinder | Kegel

2. Welcher Körper ist es? Trage ein.

a) 

____

b) 

____

c) 

____

d) 

____

3. Ein Gegenstand passt nicht. Kreise ein.

a) 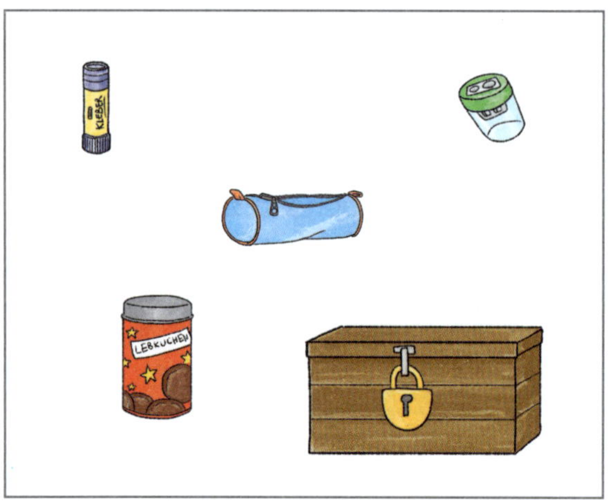

b) 

4. Löse das Rätsel. Welcher Körper kann es sein?

a) Ich kann rollen und habe keine Ecken.

____

b) Ich habe 12 Kanten und alle sind gleich lang.

____

c) Ich habe eine Kante und eine Spitze.

____

1. Ordne die Ansichten den Körpern zu. Denke an alle Blickrichtungen. Verbinde.

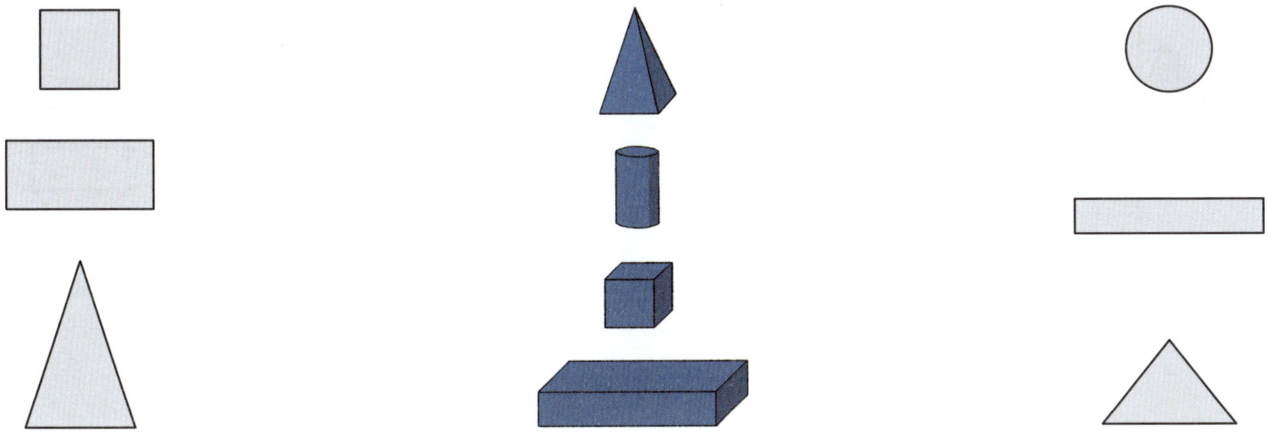

2. Löse das Rätsel. Welcher Körper kann es sein?

a) Ich habe quadratische Seitenflächen.

____

b) Ich habe 2 kreisförmige Seitenflächen.

____

c) Ich habe dreieckige Seitenflächen.

____

3. Welche Ansicht ist dargestellt? Verbinde.

a)

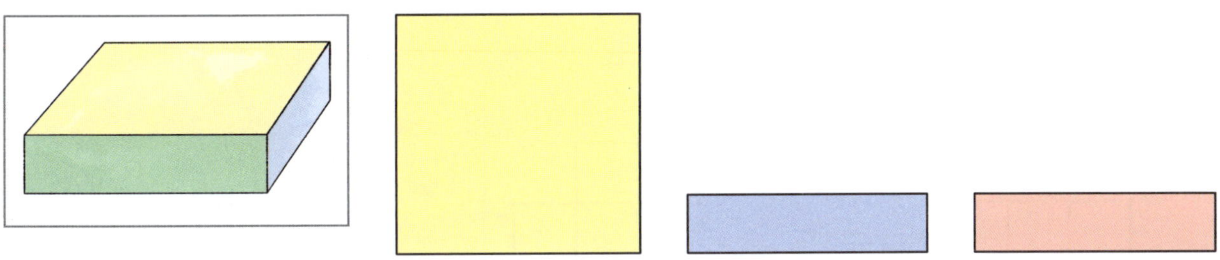

von rechts | von oben | von links

b)

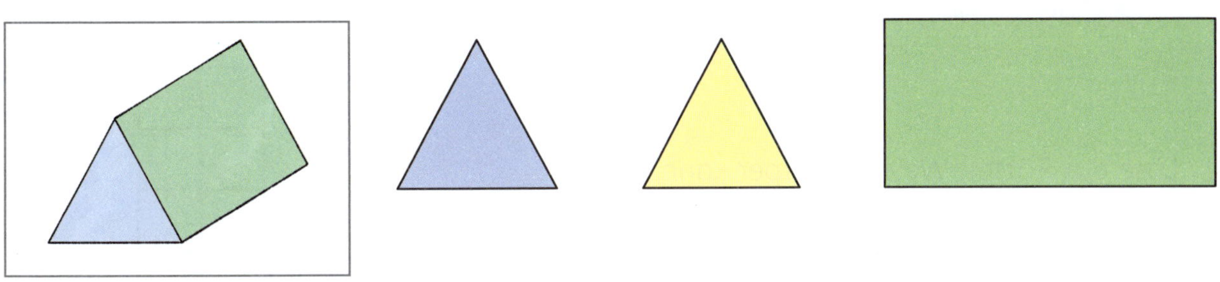

von rechts | von hinten | von vorn

1 Es bleiben Ansichten übrig
2 Zum Teil sind mehrere Lösungen möglich

1. Welcher Körper entsteht, wenn das Netz gefaltet wird? Verbinde.

a)
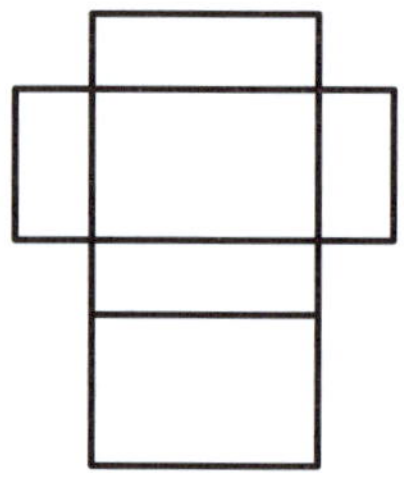

b)
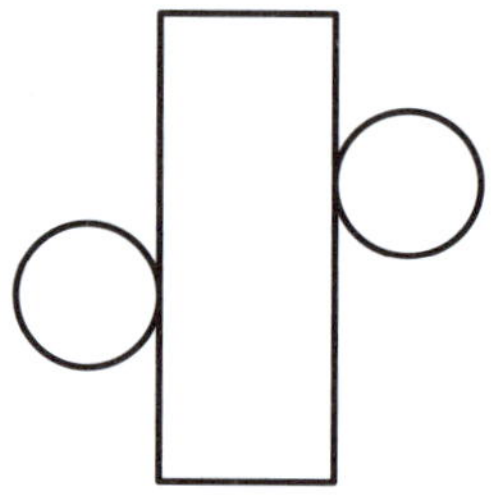

c)

d)
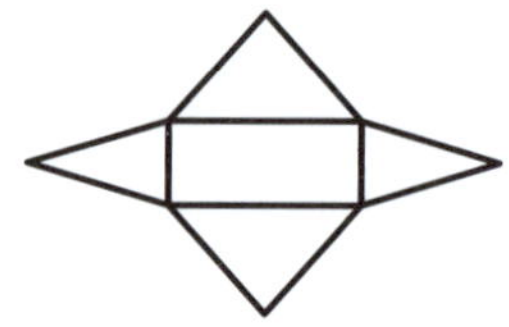

Zylinder Quader Pyramide Kegel

2. Welche Seiten liegen gegenüber?
Male sie in der gleichen Farbe an.

a)

b)

c)

3. Sind das Würfelnetze? Kreuze an.

a)
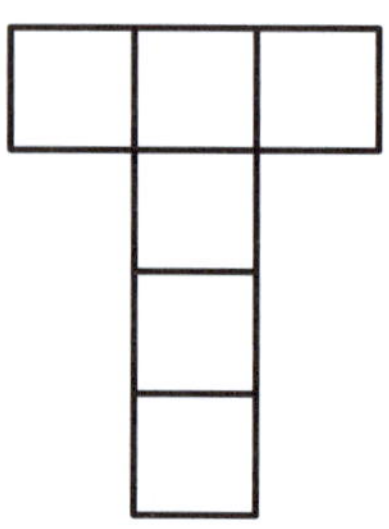
Ja Nein

b)
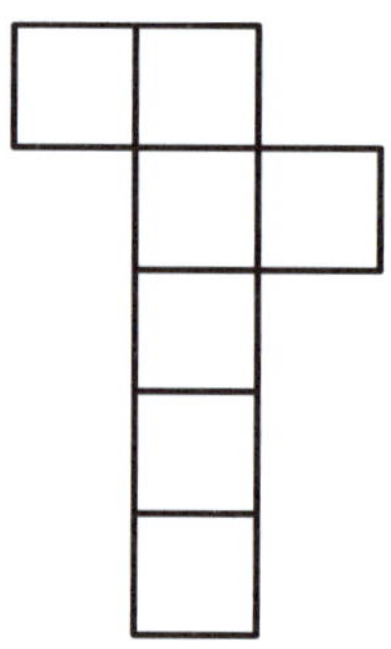
Ja Nein

c)
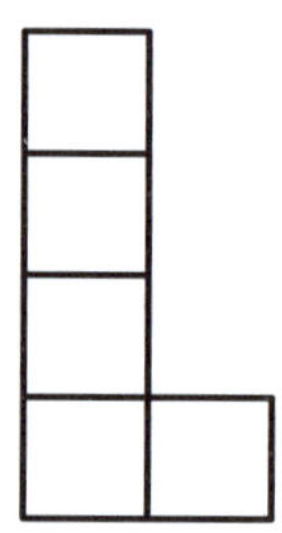
Ja Nein

d)
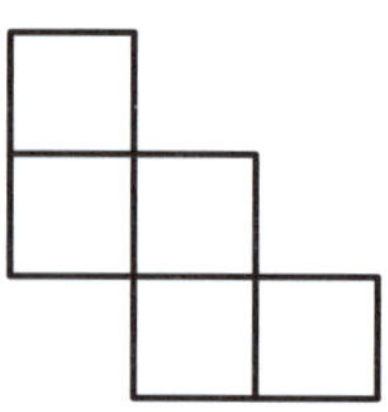
Ja Nein

e)

Ja Nein

f)
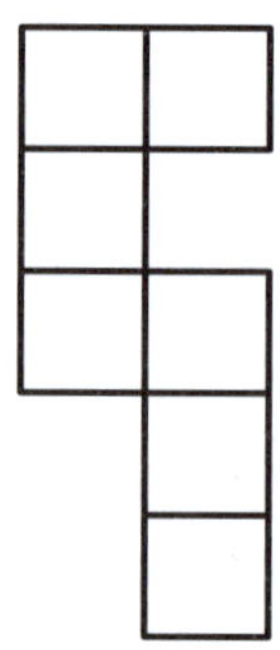
Ja Nein

1 Ggf. Netze nachbauen
2–3 Ggf. Sechserwürfel verwenden

1. Welche Zahl liegt oben, wenn der Würfel entlang des Weges gekippt wird? Trage ein.

a) 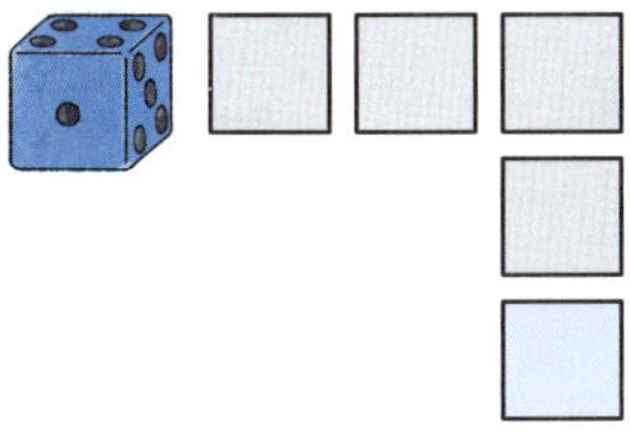

b) 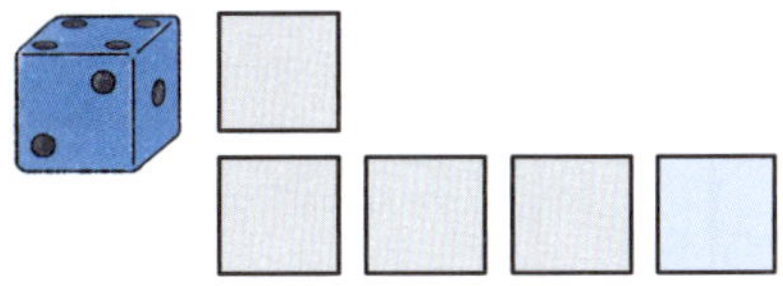

c) 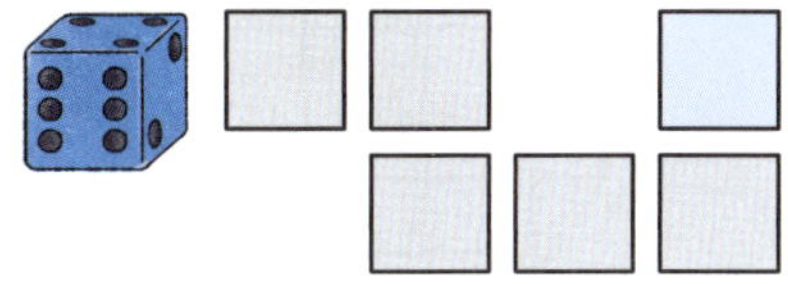

2. Zeichne den Bauplan.

a) 

b) 

c) 

d) 

e) 

f) 

3. Welche Baupläne passen? Denke an die Ansichten. Kreuze an.

a) 

1	1	1
	1	

1	2	1

1		
2		
1		

1	1	3

b) 

1	1	
	1	

2	1	
1		

	1	
1	1	

	2	
1	1	

c) 

1	1	2

2	1	2

		1
		1
		2

1		
1		
1		

1 Ggf. Sechserwürfel verwenden
2 Mehrere Lösungen sind möglich
2–3 Ggf. mit Würfeln nachbauen

zu Schülerbuchseite 84

1. Wie viele Sekunden sind seit 9 Uhr vergangen?

a) 

_____ s

b) 

_____ s

c) 

_____ s

d) 

_____ s

2. Zeichne die fehlenden Zeiger ein.

a) 

04:00:15 Uhr

b) 

12:30:45 Uhr

c) 

09:20:30 Uhr

d) 

14:45:10 Uhr

e) 

17:05:50 Uhr

f) 

21:40:10 Uhr

g) 

08:15:55 Uhr

h) 

23:25:35 Uhr

3. Welche Uhrzeit wird angezeigt? Schreibe beide Uhrzeiten.

a) 

08:10:30 Uhr

_____ Uhr

b) 

_____ Uhr

_____ Uhr

c) 

_____ Uhr

_____ Uhr

d) 

_____ Uhr

_____ Uhr

4. Zusammen 1 Minute. Male die Paare in der gleichen Farbe an.

15 Sekunden	12 Sekunden	20 Sekunden	
	45 Sekunden	30 Sekunden	31 Sekunden
25 Sekunden	30 Sekunden	35 Sekunden	
	29 Sekunden	48 Sekunden	40 Sekunden

1. Wandle in Stunden und Minuten um.

a) 60 min = *1 h*
65 min = ______
80 min = ______
90 min = ______

b) 140 min = ______
150 min = ______
160 min = ______
175 min = ______

c) 180 min = ______
195 min = ______
205 min = ______
245 min = ______

d) 253 min = ______
264 min = ______
271 min = ______
295 min = ______

2. Wandle in Minuten um.

a) 2 h = *120 min*
3 h = ______
5 h = ______
8 h = ______

b) 1 h 30 min = ______
1 h 45 min = ______
2 h 15 min = ______
5 h 20 min = ______

c) 3 h 15 min = ______
3 h 40 min = ______
4 h 10 min = ______
6 h 05 min = ______

d) 2 h 24 min = ______
3 h 59 min = ______
4 h 40 min = ______
5 h 35 min = ______

3. Zusammen 1 Tag. Male die Paare in der gleichen Farbe an.

12 h | 10 h | 5 h | 12 h | 14 h | 16 h | 8 h | 19 h

4. Ordne nach der Zeitdauer.

21 min | 12 h | 12 min | 12 d | 21 h

______ < ______ < ______ < ______ < ______

5. Vergleiche. Setze ein: >, < oder =

a)
20 min ◯ 2 h
45 min ◯ 4 h 5 min
3 h 10 min ◯ 30 min

b)
1 h 15 min ◯ 75 min
40 min ◯ 4 h 20 min
5 h ◯ 55 min

c)
14 h ◯ 1 d
1 d 2 h ◯ 26 h
2 d 10 h ◯ 5 h 8 min

1. Wie viel Zeit ist vergangen? Rechne.

a) 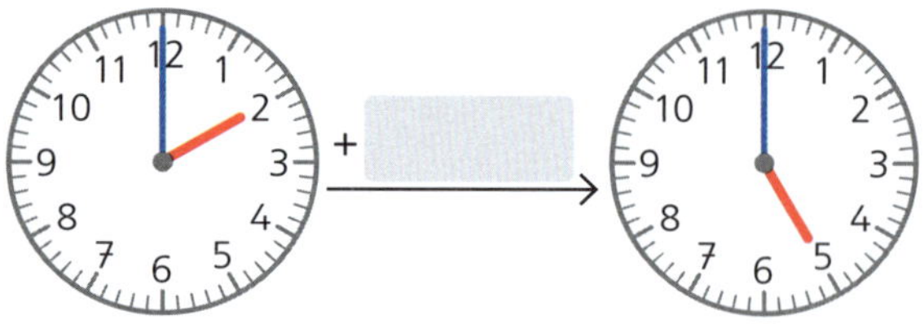

14:00 Uhr ______ Uhr

b) 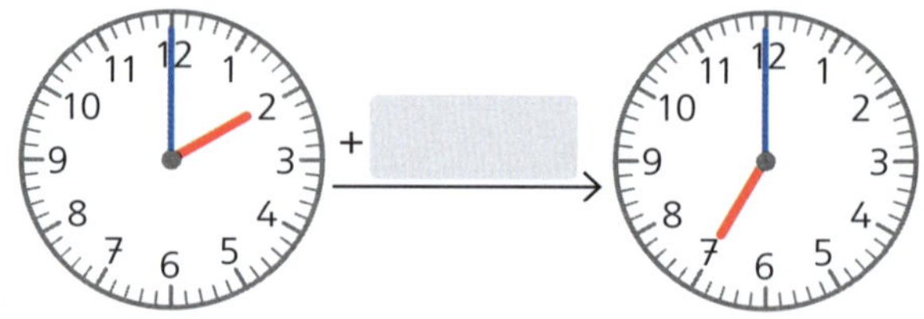

______ Uhr ______ Uhr

c) 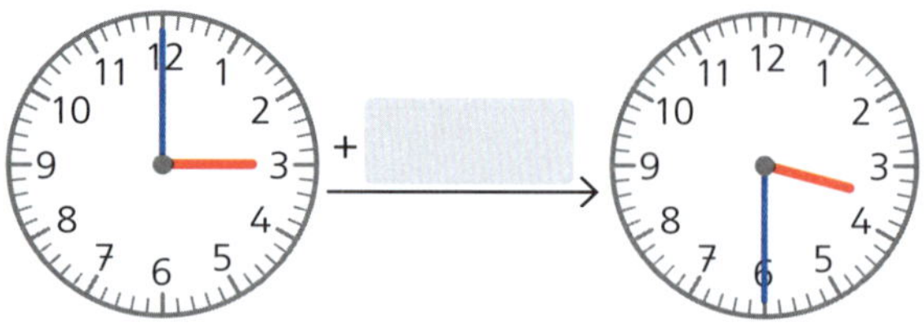

______ Uhr ______ Uhr

d) 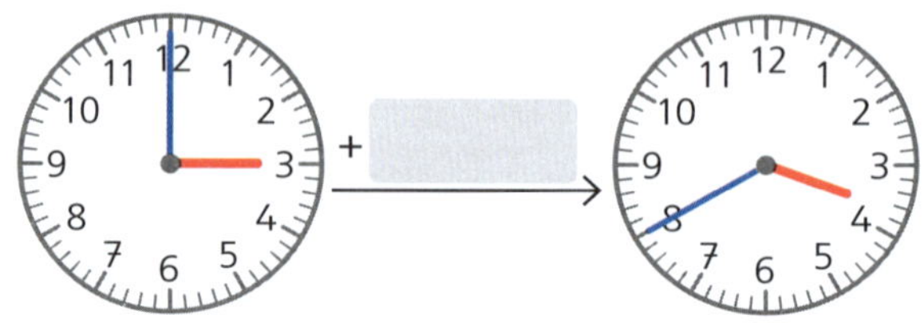

______ Uhr ______ Uhr

2. Wie viel Zeit ist vergangen? Rechne.

a) 09:10 Uhr —+ ______→ 09:20 Uhr
b) 11:35 Uhr —+ ______→ 11:55 Uhr
c) 13:15 Uhr —+ ______→ 14:00 Uhr
d) 13:15 Uhr —+ ______→ 14:15 Uhr

3. Wie spät ist es dann? Rechne und zeichne die Zeiger ein.

a) 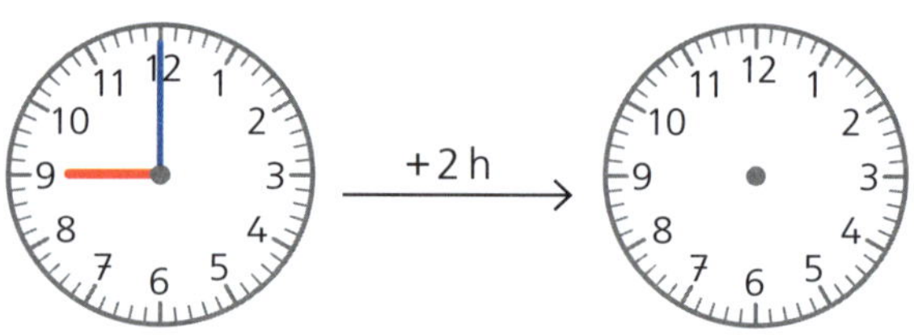

09:00 Uhr ______ Uhr

b) 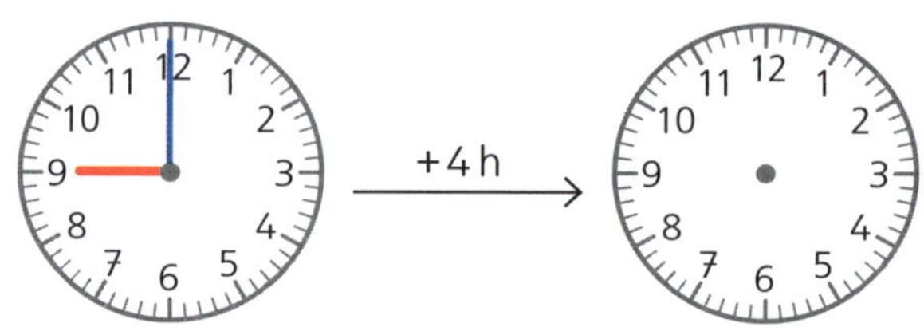

09:00 Uhr ______ Uhr

c) 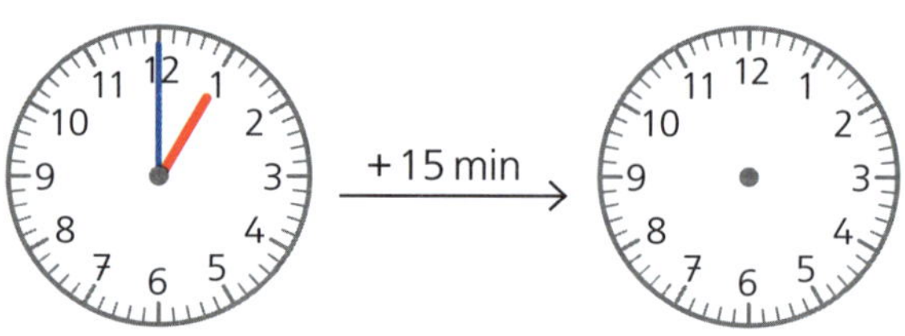

13:00 Uhr ______ Uhr

d) 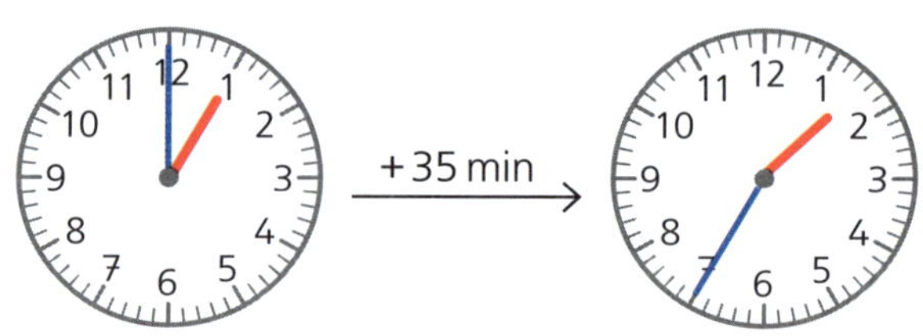

13:00 Uhr ______ Uhr

4. Wie spät ist es dann? Rechne.

a) 14:30 Uhr —+25 min→ ______
b) 06:14 Uhr —+39 min→ ______
c) 12:45 Uhr —+20 min→ ______
d) 18:55 Uhr —+10 min→ ______
e) 15:35 Uhr —+30 min→ ______
f) 17:15 Uhr —+1 h→ ______

1 Mehrere Lösungen sind möglich

1. Male die Satzteile, die zusammengehören, in der gleichen Farbe an.

Ein Jahr hat 12 Monate …	ein Jahr 366 Tage …	Ein Jahr hat …
52 Wochen und eine Woche hat …	Ein Monat hat 30 Tage …	7 Tage.
und der Februar 29 Tage.	und ein Jahr hat 365 Tage.	Nur der Februar …
oder ein Monat hat 31 Tage.	hat 28 Tage.	In einem Schaltjahr hat …

2. Beantworte die Fragen zum Kalenderblatt.

Januar 2030						
Mo	Di	Mi	Do	Fr	Sa	So
	1	2	3	4	5	6
7	8	9	10	11	12	13
14	15	16	17	18	19	20
21	22	23	24	25	26	27
28	29	30	31			

a) Welcher Monat wird angezeigt? ____________________

b) Wie viele Tage hat der Monat? ____________________

c) Was bedeutet Do auf dem Kalender? ____________________

d) Tim hat am 27. Januar Geburtstag. Welcher Wochentag ist das? ____________________

e) Tims Schwester hat drei Tage später Geburtstag. Welches Datum ist das? __________

____

3. Beantworte die Fragen zum Kalenderblatt.

a) Welcher Wochentag ist der 12. Januar? ____________________

b) Kreuze den Tag im Kalenderblatt in Aufgabe 2 an.

c) Welcher Wochentag und welches Datum ist vier Tage später? ____________________

____

d) Welcher Wochentag und welches Datum war gestern? ____________________

____

 zu Schülerbuchseite 91

1. Welche Ziffer verändert sich? Zeichne dazu.
Umkreise und trage die neue Zahl in die Stellenwerttabelle ein.

a) Die Zahl heißt ____. Es kommen 3E dazu.

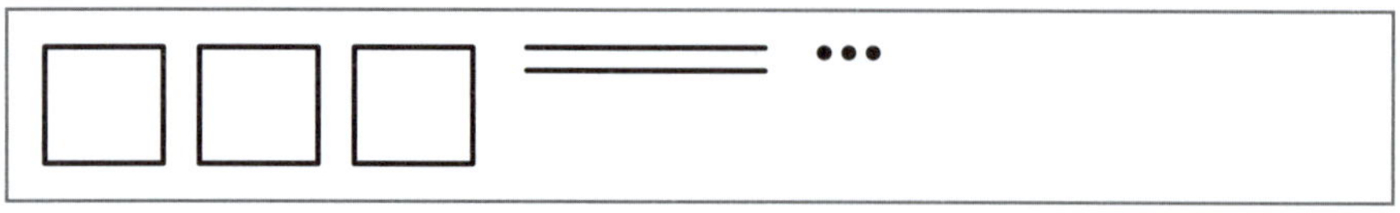

Die neue Zahl heißt:

T	H	Z	E

b) Die Zahl heißt ____. Es kommen 2Z dazu.

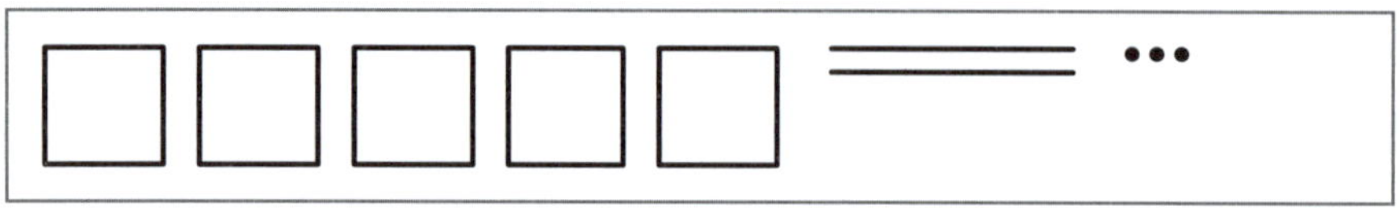

Die neue Zahl heißt:

T	H	Z	E

2. Wie heißt die Zahl? Trage ein. Bündele dann und trage die gebündelte Zahl ein.

a)

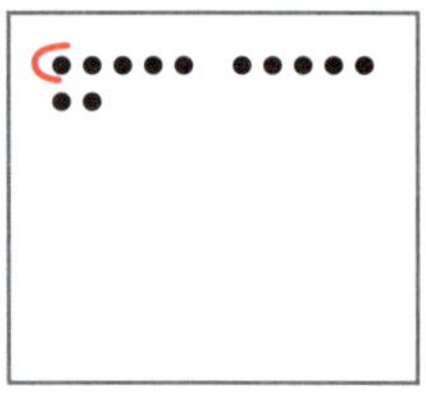

____ E
gebündelte Zahl:
____ Z + ____ E

____ Z
gebündelte Zahl:
____ H + ____ Z

b)

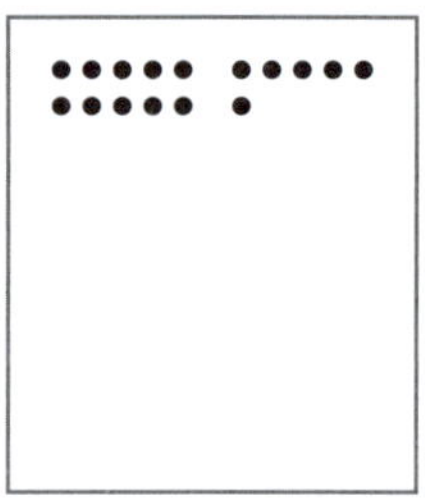

____ E
gebündelte Zahl:
____ Z + ____ E

____ Z
gebündelte Zahl:
____ H + ____ Z

c)

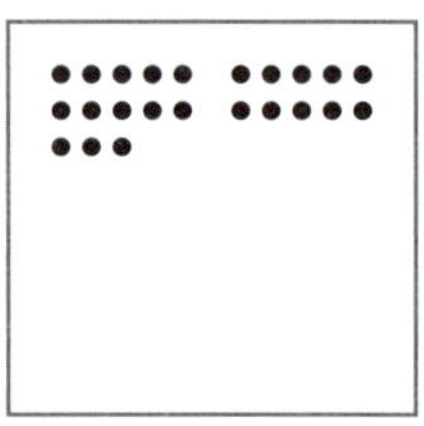

____ E
gebündelte Zahl:
____ Z + ____ E

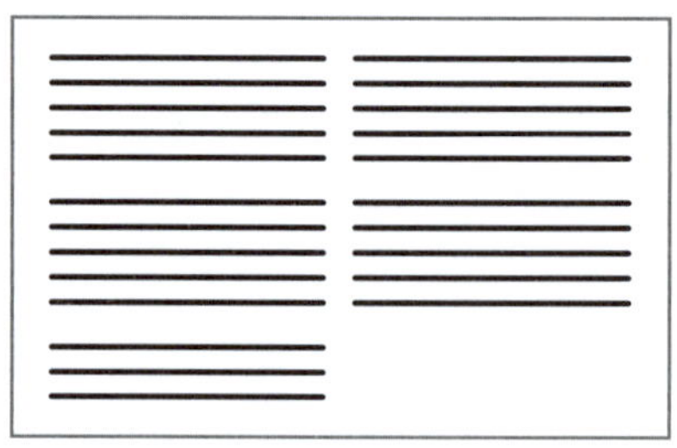

____ Z
gebündelte Zahl:
____ H + ____ Z

3. Wie heißt die Zahl? Trage ein. Bündele dann und trage die gebündelte Zahl ein.

____ Z
gebündelte Zahl:
____ H + ____ Z

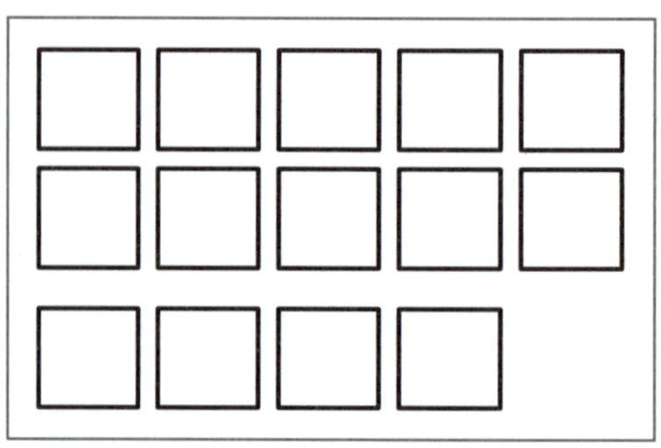

____ H
gebündelte Zahl:
____ T + ____ H

1. Zeichne die Zahl und bündele. Trage ein.

a) 2H 6Z 13E

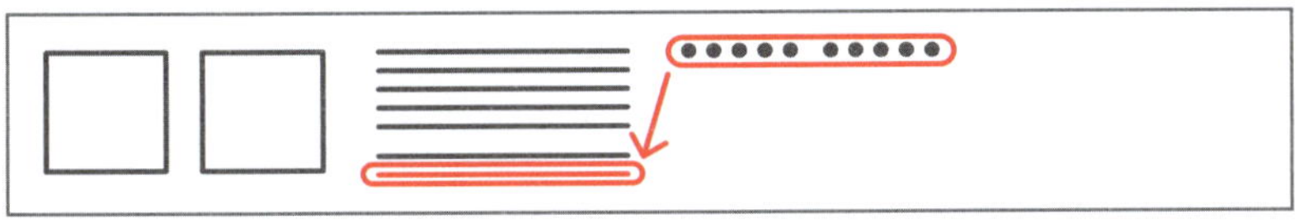

Ich bündele ____ zu ____.

Die Zahl heißt: ____

b) 3H 4Z 17E

Ich bündele ____ zu ____.

Die Zahl heißt: ____

c) 1H 12Z 4E

Ich bündele ____ zu ____.

Die Zahl heißt: ____

2. Addiere und zeichne.

a)

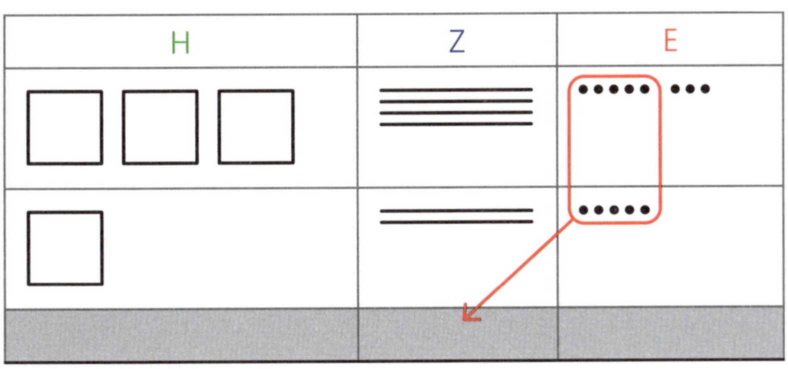

	H	Z	E
	3	4	8
+	1	2	5
		1	
			3

b)

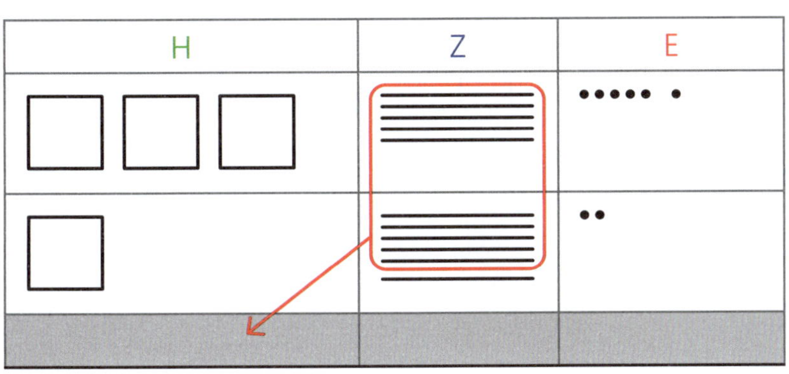

	H	Z	E
+			

1. Unterstreiche die Einer und runde auf Zehner.

a) 257 ≈ ___
841 ≈ ___

b) 962 ≈ ___
676 ≈ ___

2. Unterstreiche die Zehner und runde auf Hunderter.

a) 329 ≈ ___
182 ≈ ___

b) 468 ≈ ___
749 ≈ ___

3. Rechne nur den Überschlag. Runde dazu auf Zehner.

a) 768 + 232

Ü: ___ + ___ = ___

b) 671 + 116

Ü: ___ + ___ = ___

4. Rechne nur den Überschlag. Runde dazu auf Hunderter.

a) 413 + 476

Ü: ___ + ___ = ___

b) 328 + 550

Ü: ___ + ___ = ___

5. Ergänze die fehlenden Ziffern. Denke an die Überträge.

a)

	H	Z	E
	4	1	5
+	○	○	○
	7	3	9

E: *5 + ○ = 9*
Z: *1 + ○ = 3*
H: *4 + ○ = 7*

↓

	H	Z	E
	4	1	5
+	○	○	○
	7	4	0

E: *5 + ○ = 10*
Z: ___
H: ___

b)

	H	Z	E
	○	○	○
+	1	2	3
	5	9	6

E: ___
Z: ___
H: ___

↓

	H	Z	E
	○	○	○
+	1	2	3
	6	0	6

E: ___
Z: ___
H: ___

6. ▲ Welcher Fehler wurde gemacht? Addiere zuerst schriftlich und vergleiche mit der Rechnung. Umkreise den Fehler und verbinde mit der passenden Erklärung.

a) 518 + 143

	H	Z	E
	5	1	8
+	1	4	3
	6	6	1

b) 615 + 234

	H	Z	E
	6	1	5
+	2	3	4
		1	
	8	5	9

c) 387 + 19

	H	Z	E
	3	8	7
+	1	9	
	1	1	
	5	7	7

d) 308 + 419

	H	Z	E
	3	0	8
+	4	1	9
		1	
	7	2	6

- falsch addiert
- nicht stellengerecht
- Übertrag nicht aufgeschrieben
- Übertrag zu viel
- Übertrag nicht gerechnet

1. Zeichne die Zahl und bündele. Trage ein.

a) 3H 4Z 22E

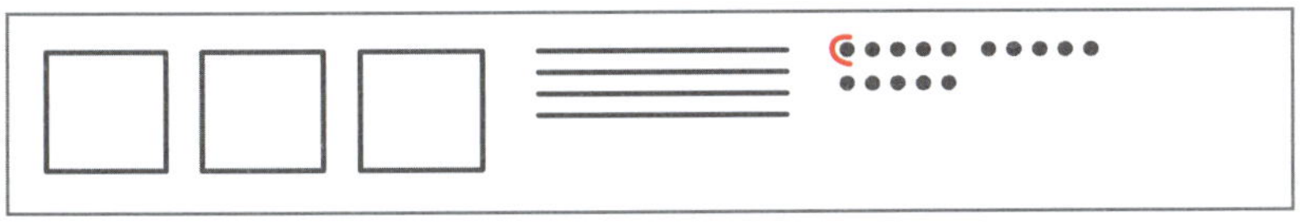

Ich bündele ___ zu ___.
Die Zahl heißt: ___

b) 2H 23Z 4E

Ich bündele ___ zu ___.
Die Zahl heißt: ___

2. Addiere und zeichne.

a)

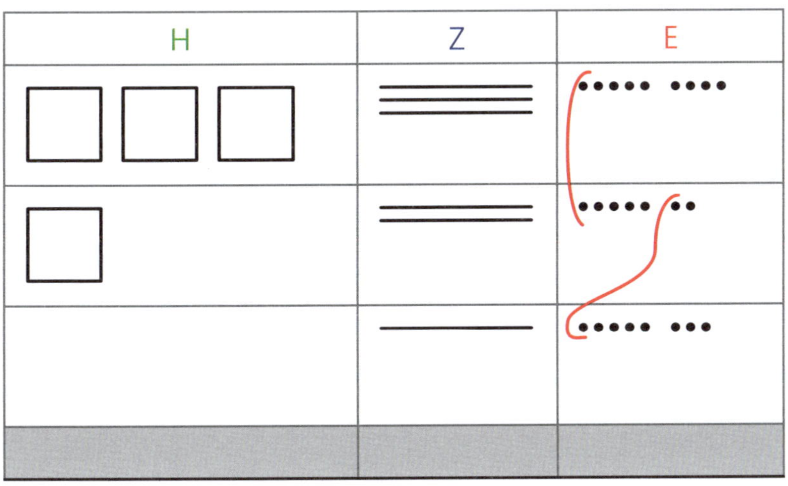

	H	Z	E
	3	3	9
+	1	2	7
+		1	8

b)

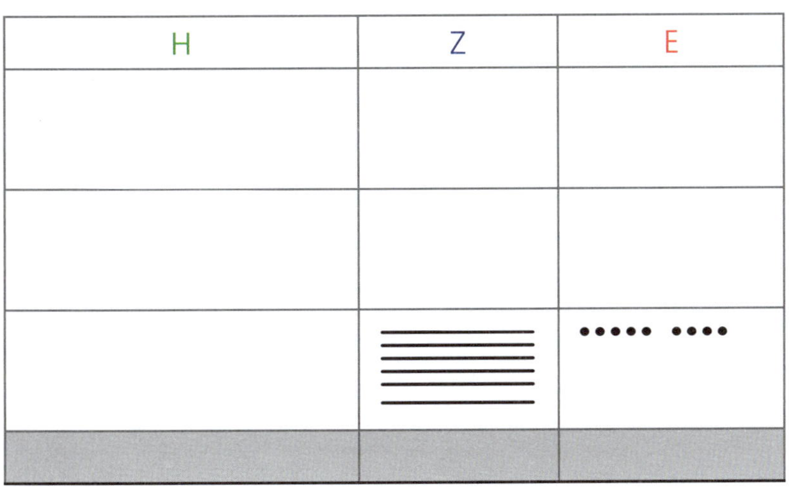

	H	Z	E
	3	4	5
+	1	4	6
+		6	9

1. Welches Ergebnis stimmt? Überschlage und kreuze an.

a) Hanna hat 150 € gespart. Zum Geburtstag bekommt sie 31 € geschenkt.
Wie viel Geld hat sie jetzt?

- ◯ 172 €
- ◯ 181 €
- ◯ 191 €
- ◯ 202 €

b) Max braucht für den Schulweg täglich 12 min.
Wie lange ist er an 5 Schultagen insgesamt unterwegs?

- ◯ 30 min
- ◯ 40 min
- ◯ 50 min
- ◯ 60 min

c) Der Schlossberg bei Freiburg ist 456 m hoch. Der kleine Rossberg ist 106 m höher.
Wie hoch ist der kleine Rossberg?

- ◯ 562 m
- ◯ 572 m
- ◯ 582 m
- ◯ 592 m

d) Mira liest in einem Buch jeden Tag 15 Seiten. Das Buch hat 165 Seiten.
Wie viele Tage braucht sie für das Buch?

- ◯ 9 Tage
- ◯ 10 Tage
- ◯ 11 Tage
- ◯ 12 Tage

2. Welches Ergebnis kann nicht stimmen? Kreuze an.

- ◯ Ein Schreibheft kostet 8 €.
- ◯ Emma hat 11 Turnbeutel.
- ◯ Max ist 5 m groß.
- ◯ Jedes Kind isst 13 Kirschen.
- ◯ Im Schulranzen ist eine Flasche.
- ◯ Zähne putzen dauert 5 s.

3. Kann das stimmen? Löse die Sachaufgabe wenn nötig richtig.

a) Tim hat 141 Sammelkarten. Er bekommt noch 23 Karten geschenkt. Wie viele Sammelkarten hat er jetzt?

A: Er hat jetzt 164 Sammelkarten.

b) 5 Stifte kosten 5,50 €. Wie viel kostet nur ein Stift?

A: Ein Stift kostet 10 €.

c) Die Lehrerin gibt jedem Kind 2 Blätter. Es sind 21 Kinder in der Klasse. Wie viele Blätter verteilt die Lehrerin?

A: Sie verteilt 300 Blätter.

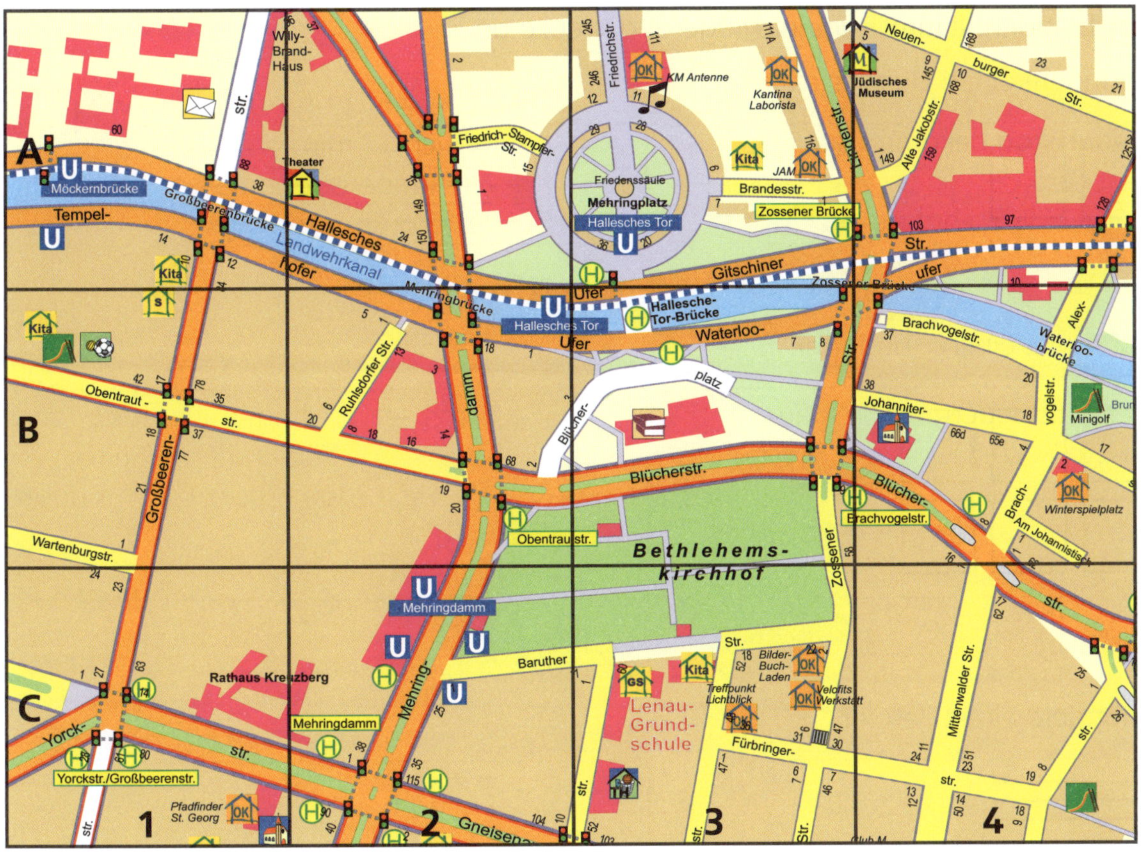

Kinderstadtplan Berlin

Legende

- stark befahrene Straßen mit Gehweg (Tempo 50 oder mehr)
- … mit Radweg/Radverkehrsstreifen
- … Fußgängerüberweg mit Ampel
- Bushaltestelle
- S-Bahn-/U-Bahn-Haltestelle
- Öffentliche Gebäude
- Schule
- Grundschule (Schulhof zum Spielen)
- Kirche
- Spielplatz
- Ballspielplatz
- Post
- Museum
- Musikschule
- Turnhalle
- Bücherei

1. Welches Planquadrat siehst du?

a) 

____

b) 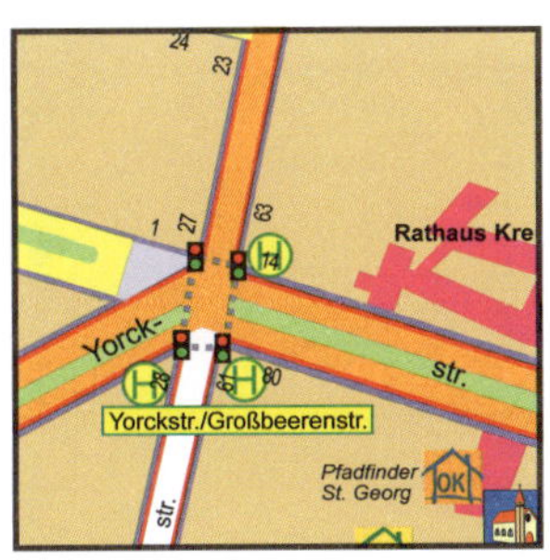

____

c) 

____

2. In welchem Planquadrat findest du …

a) eine Schule ______________

b) eine Bücherei ______________

c) eine Musikschule ______________

d) eine Kirche ______________

1. Entbündele, zeichne und trage ein.

a) Entbündele einen Hunderter.

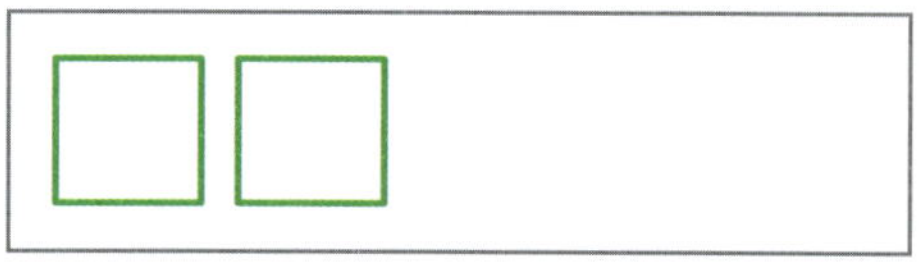

→

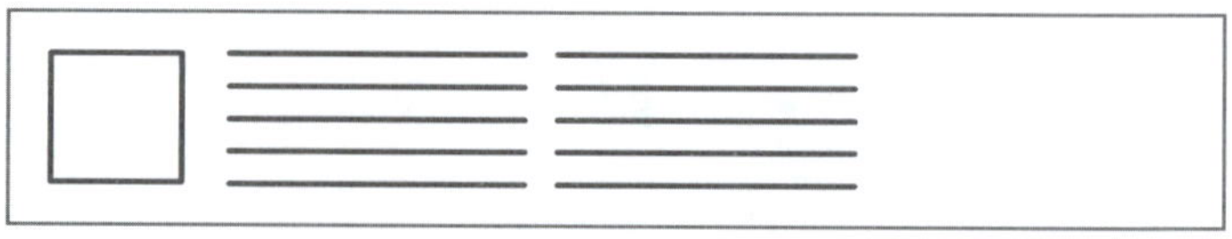

2H

1 H 10 Z

b) Entbündele einen Hunderter.

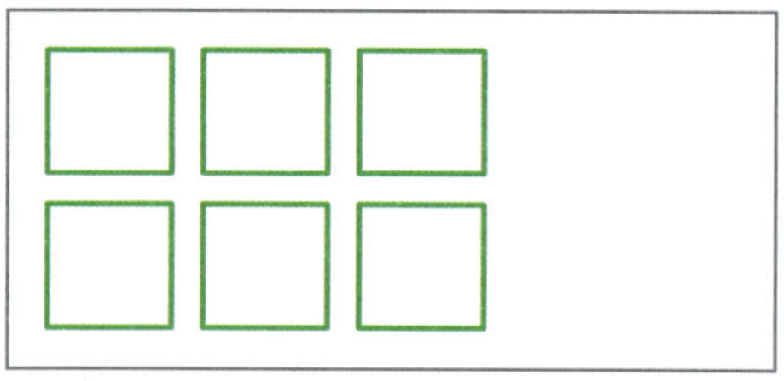

→

H

H Z

c) Entbündele einen Zehner.

→

3Z

Z E

d) Entbündele einen Zehner.

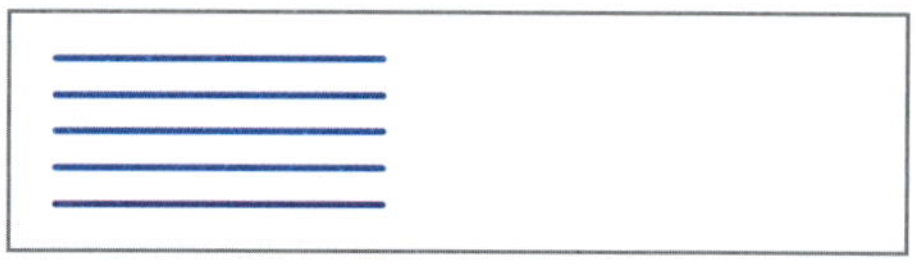

→

Z

Z E

2. Entbündele und trage ein.

a) Entbündele einen Hunderter.

7	H					=	6	H	1	0	Z		
9	H					=							
3	H	7	Z			=							
1	H	4	Z	1	E	=							

b) Entbündele einen Zehner.

4	Z			=									
6	Z			=									
3	Z	4	E	=									
2	Z	8	E	=									

3. Immer zwei Kärtchen gehören zusammen. Male sie in der gleichen Farbe an.

5H 15Z | 871 | 8H 6Z 11E | 429 | 234 | 1H 13Z 4E | 650 | 4H 1Z 19E

3 Ggf. Stellenwerttabelle nutzen

1. Rechne im Kopf.

a) 5 − 4 = ☐ 10 − 5 = ☐
b) 8 − 4 = ☐ 13 − 3 = ☐
c) 15 − 7 = ☐ 12 − 9 = ☐
d) 17 − 8 = ☐ 16 − 9 = ☐

2. Subtrahiere schriftlich.

a)

	H	Z	E
	3	4	9
−	1	2	3

9 − 3 = ☐

	H	Z	E
	3	4	9
−	1	2	3
			6

4 − 2 = ☐

	H	Z	E
	3	4	9
−	1	2	3
		2	6

3 − 1 = ☐

b)

	H	Z	E
		2	14
	5	~~3~~	~~4~~
−	2	0	5

14 − 5 = ☐

	H	Z	E
		2	14
	5	~~3~~	~~4~~
−	2	0	5
			9

2 − 0 = ☐

	H	Z	E
		2	14
	5	~~3~~	~~4~~
−	2	0	5
		2	9

5 − 2 = ☐

c) 946 − 737
d) 519 − 420
e) 823 − 606
f) 727 − 530
g) 469 − 221
h) 691 − 159
i) 583 − 491
j) 927 − 248
k) 322 − 49
l) 608 − 548

3. Schreibe stellengerecht untereinander und subtrahiere schriftlich.

a) 235 − 116
b) 624 − 426
c) 297 − 178
d) 458 − 69
e) 498 − 389
f) 534 − 215
g) 138 − 87
h) 935 − 508
i) 385 − 146
j) 753 − 109

1. Welches Ergebnis kann stimmen? Überschlage zuerst. Male das richtige Ergebnis an. Überprüfe, indem du schriftlich subtrahierst.

a) 476 – 123

Ü: ____________

353 253 453

H	Z	E

b) 573 – 357

Ü: ____________

326 436 216

H	Z	E

c) 892 – 443

Ü: ____________

490 480 449

H	Z	E

d) 643 – 317

Ü: ____________

326 336 356

H	Z	E

2. Welcher Fehler wurde gemacht? Kreuze an. Subtrahiere richtig.

a)

	H	Z	E
	5	1	7
–	2	6	7
		1	
	7	8	4

- Es wurde addiert statt subtrahiert.
- Das Entbündeln wurde nicht notiert.

b)

	H	Z	E
	8	9	3
–	7	7	
	1	2	3

- Die Ziffern wurden nicht stellengerecht untereinander notiert.
- Es wurde die obere Zahl von der unteren Zahl subtrahiert.

3. Subtrahiere schriftlich. Achte auf die Null.

a)

	H	Z	E
	3	0	4
–	1	4	9

b)

	H	Z	E
	6	0	4
–	4	4	6

c)

	H	Z	E
	3	1	3
–		8	0

d)

	H	Z	E
	7	6	0
–	2	6	7

e)

	H	Z	E
	1	0	0
–		8	0

f)

	H	Z	E
	3	0	2
–	1	3	6

g)

	H	Z	E
	3	0	0
–	1	4	2

h)

	H	Z	E
	7	5	0
–	6	7	0

i)

	H	Z	E
	7	2	7
–	3	0	8

j)

	H	Z	E
	8	1	0
–		9	9

1. Ergänze.

a) 540 + ___ = 580
460 + ___ = 500
780 + ___ = 810

b) 786 + ___ = 790
593 + ___ = 600
952 + ___ = 970

c) 476 + ___ = 490
254 + ___ = 270
302 + ___ = 340

2. Wie groß ist der Unterschied? Löse durch Ergänzen.

a) 250 – 150 = ___
150 + ___ = 250

b) 877 – 873 = ___
873 + ___ = 877

c) 615 – 613 = ___
613 + ___ = 615

d) 372 – 342 = ___
342 + ___ = 372

e) 936 – 906 = ___
906 + ___ = 936

f) 864 – 724 = ___
724 + ___ = 864

3. Was ist der Unterschied zwischen den beiden Aufgaben? Umkreise und rechne.

a) 49 – 22 | 59 – 32

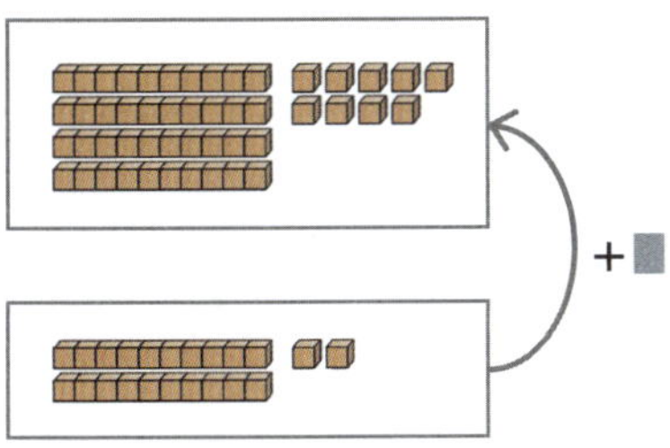

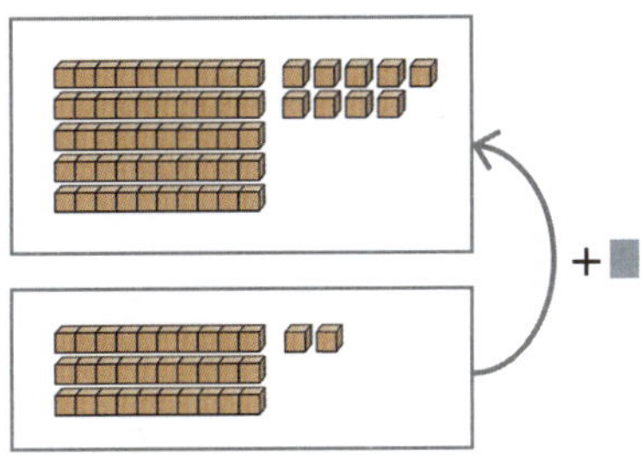

b) 800 – 600 | 900 – 700

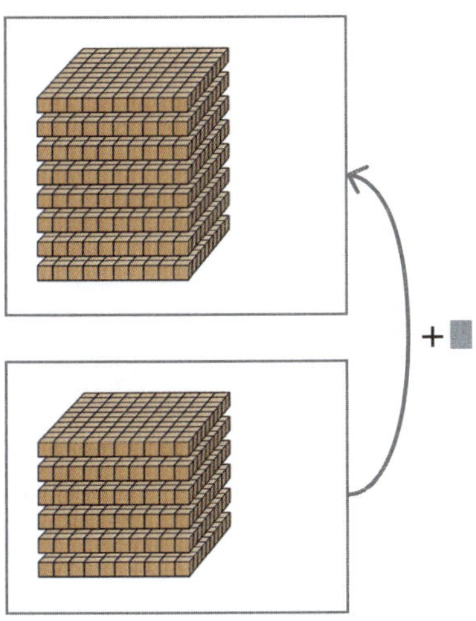

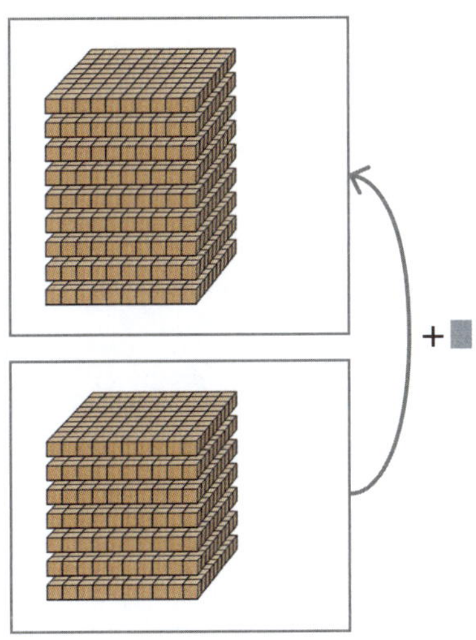

4. Immer zwei Kärtchen gehören zusammen. Male sie in der gleichen Farbe an.

845 | 635 | 945 | 426

8H 3Z 15E | 8H 14Z 5E | 4H 1Z 16E | 5H 13Z 5E

4 Ggf. Stellenwerttabelle nutzen

1. Subtrahiere schriftlich.

a)

	H	Z	E
	4	1	9
−	2	4	3

3 + ___ = 9

	H	Z	E
		10	
	4	1	9
−	2	4	3
	1		
			6

4 + ___ = 11

	H	Z	E
		10	
	4	1	9
−	2	4	3
	1		
		7	6

3 + ___ = 4

b)

	H	Z	E
			10
	6	3	3
−	3	0	6
		1	

6 + ___ = 13

	H	Z	E
			10
	6	3	3
−	3	0	6
		1	
			7

1 + ___ = 3

	H	Z	E
			10
	6	3	3
−	3	0	6
		1	
		2	7

3 + ___ = 6

	c)	d)	e)	f)	g)
	946	519	823	727	615
−	737	420	606	530	341

	h)	i)	j)	k)	l)
	691	583	917	322	902
−	159	491	248	49	68

2. Subtrahiere schriftlich.

	a)	b)	c)	d)	e)
	867	624	958	387	651
−	624	87	387	198	624

	f)	g)	h)	i)	j)
	958	867	653	146	444
−	87	650	198	122	202

1. Schreibe stellengerecht untereinander und subtrahiere schriftlich.

a) 607 – 423 b) 588 – 463 c) 741 – 563 d) 486 – 184 e) 342 – 151

	H	Z	E

f) 701 – 588 g) 109 – 44 h) 555 – 341 i) 287 – 77 j) 999 – 729

	H	Z	E

2. Welcher Fehler wurde gemacht? Kreuze an und berichtige.

a)

	H	Z	E
	6	0	1
–	1	1	7
	5	9	4

- Es wurde addiert statt subtrahiert.
- Es wurde nicht gleichsinnig verändert.

	H	Z	E

b)

	H	Z	E
		10	
	6	1	7
–	2	3	
	1		
	3	8	7

- Die Ziffern wurden nicht stellengerecht untereinander notiert.
- Es wurde von oben nach unten gerechnet.

	H	Z	E

3. Subtrahiere schriftlich. Achte auf die Null.

a)

	H	Z	E
	8	4	0
–	3	9	1

b)

	H	Z	E
	1	8	0
–	1	5	3

c)

	H	Z	E
	8	1	0
–		2	8

d)

	H	Z	E
	5	7	6
–	4	0	1

e)

	H	Z	E
	6	2	1
–	3	3	0

1. Subtrahiere schriftlich.

a)
	H	Z	E
	6	8	0
−	4	0	9

b)
	H	Z	E
	2	7	4
−	1	6	4

c)
	H	Z	E
	6	7	7
−	5	1	2

d)
	H	Z	E
	8	2	1
−	4	4	4

e)
	H	Z	E
	6	6	5
−	5	2	7

f)
	H	Z	E
	3	9	5
−	1	5	1

g)
	H	Z	E
	2	8	7
−	1	5	6

h)
	H	Z	E
	4	7	0
−	2	5	8

i)
	H	Z	E
	8	2	4
−	6	1	2

j)
	H	Z	E
	4	0	4
−	2	3	1

2. Subtrahiere. Vergleiche die beiden Aufgaben. Markiere den Unterschied.

a)
	H	Z	E
	4	8	2
−	2	8	2

	H	Z	E
	4	8	2
−	2	0	0

b)
	H	Z	E
	3	2	1
−	1	2	3

	H	Z	E
	3	2	1
−	1	9	8

3. Löse das Rätsel.

a) Meine Zahl ist das Ergebnis der Subtraktion von 343 und 221.

H	Z	E

b) Meine Zahl ist die Differenz von 387 und 617.

H	Z	E

4. Löse die Sachaufgabe.

Mira hat 456 € gespart. Ihr neues Fahrrad kostet 239 €.
Wie viel Geld hat Mira noch in der Spardose?

F: ______________________

R:

A: ______________________

1–4 Schriftliche Subtraktion im Abziehverfahren oder Ergänzungsverfahren möglich

1. Immer drei Längenangaben gehören zusammen. Male sie in der gleichen Farbe an.

160 cm | 4 m 30 cm | 340 cm | 2 m 90 cm | 710 cm

4,30 m | 7,10 m | 1,60 m | 1 m 60 cm | 7 m 10 cm

430 cm | 290 cm | 3 m 40 cm | 3,40 m | 2,90 m

2. Wandle in Zentimeter um.

a)		b)	
1 m =	*100 cm*	7,00 m =	*700 cm*
2 m =		2,30 m =	
2 m 50 cm =		9,90 m =	
4 m 50 cm =		3,50 m =	
5 m 55 cm =		6,40 m =	

3. Wandle in Kommaschreibweise um.

a)		b)	
1 m 20 cm =	*1,20 m*	130 cm =	*1,30 m*
2 m 20 cm =		230 cm =	
2 m 50 cm =		270 cm =	
5 m 50 cm =		455 cm =	
6 m 15 cm =		687 cm =	

4. Ordne die Längen der Größe nach.

a) 2 m 30 cm | 7,40 m | 5 m 60 cm | 120 cm | 5,72 m | 3,10 m

____ < ____ < ____ < ____ < ____ < ____

b) 2 m 35 cm | 40 cm | 4,70 m | 190 cm | 8 m 25 cm | 3,80 m

____ < ____ < ____ < ____ < ____ < ____

c) 8 m 75 cm | 2,60 m | 92 cm | 3 m 20 cm | 463 cm | 1,25 m

____ < ____ < ____ < ____ < ____ < ____

1. Miss die Länge der Strecke mit deinem Lineal. Trage ein. Schreibe in Kommaschreibweise.

a) A B — $\overline{AB}$ = ______

b) C D — $\overline{CD}$ = ______

c) E F — $\overline{EF}$ = ______

d) G H — $\overline{GH}$ = ______

e) K L — $\overline{KL}$ = ______

f) M N — $\overline{MN}$ = ______

g) O P — $\overline{OP}$ = ______

2. Zeichne die Strecke. Beschrifte sie.

a) $\overline{AB}$ = 3 cm　b) $\overline{CD}$ = 5 cm　c) $\overline{EF}$ = 9 cm　d) $\overline{GH}$ = 2 cm

3. Setze ein: >, < oder =

a)			b)			c)		
3 cm	◯	2 cm	5 mm	◯	7 mm	4 cm 1 mm	◯	4 cm 7 mm
7 cm	◯	4 cm	2 mm	◯	4 mm	3 cm 5 mm	◯	3 cm 5 mm
5 cm	◯	9 cm	62 mm	◯	96 mm	9 cm 4 mm	◯	1 cm 2 mm
8 cm	◯	8 cm	54 mm	◯	37 mm	6 cm 8 mm	◯	8 cm 6 mm
4 cm	◯	7 cm	33 mm	◯	33 mm	0 cm 4 mm	◯	0 cm 8 mm
12 cm	◯	4 cm	12 mm	◯	21 mm	9 cm 3 mm	◯	3 cm 9 mm

zu Schülerbuchseite 111

1. Ergänze zu 1 km.

a) 300 m + ______ = 1 000 m = 1 km

400 m + ______ = 1 000 m = 1 km

800 m + ______ = 1 000 m = 1 km

100 m + ______ = 1 000 m = 1 km

b) 850 m + ______ = 1 000 m = 1 km

650 m + ______ = 1 000 m = 1 km

230 m + ______ = 1 000 m = 1 km

510 m + ______ = 1 000 m = 1 km

2. Berechne die Länge des Weges …

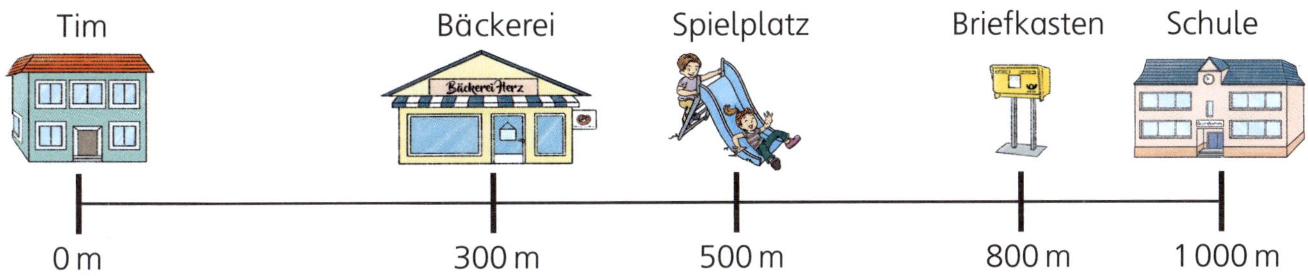

a) von Tims Haus zur Schule: ______________________

b) von Tims Haus zur Bäckerei: ______________________

c) von Tims Haus zum Briefkasten: ______________________

d) vom Spielplatz zur Schule: ______________________

e) vom Briefkasten zur Schule: ______________________

3. Löse die Sachaufgabe.

a) Die Mosel fließt 310 km durch Frankreich und 230 km durch Deutschland.
Wie lang ist die Mosel insgesamt?

F: ______________________

R:

A: ______________________

b) Der Wurmberg im Harz ist 970 m hoch. Der Bocksberg ist 730 m hoch.
Wie viele Meter höher ist der Wurmberg als der Bocksberg?

F: ______________________

R:

A: ______________________

3 Angaben sind gerundet

1. Was gehört zusammen? Male Paare in der gleichen Farbe an.

Länge eines Marienkäfers

Länge einer Schere

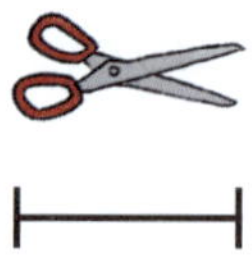

Höhe eines Schulrucksacks

Höhe des Eiffelturms

Länge einer Badewanne

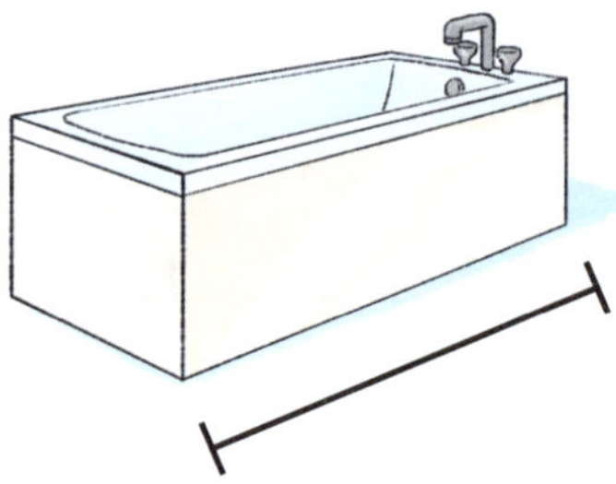

Länge einer Armspanne

1 m 70 cm | 40 cm | 135 cm | 8 mm | 330 m | 12 cm

2. Ergänze die passende Maßeinheit (mm, cm, m, km).

a) Länge Bleistift: 14 ______

Länge Anspitzer: 45 ______

Länge Brotdose: 18 ______

Höhe Zimmertür: 2 ______

b) Länge Klassenzimmer: 10 ______

Länge Turnhalle: 25 ______

Strecke mit dem Auto in einer Stunde: 60 ______

Strecke von Hamburg nach München: 800 ______

3. Trage ein.

Hanna hat beim Schwimmturnier teilgenommen. Sie ist vom ________-m-Brett gesprungen. Eine ________-m-Bahn im Schwimmbecken ist sie in 40 s geschwommen. In 5 min ist sie insgesamt ________ m geschwommen.

25

3

200

4. Finde Gegenstände mit folgenden Maßen. Trage ein.

ca. 1 cm	ca. 10 cm	ca. 1 m

4 Mehrere Lösungen sind möglich

1. Rechne.

a)

	234,71 €
+	123,14 €

b)

	43,19 €
+	273,72 €

c)

	473,05 €
+	208,86 €

d)

	368,75 €
–	127,32 €

e)

	421,63 €
–	74,85 €

f)

	403,14 €
–	6,08 €

2. Rechne schriftlich.

a) 438,71 € + 261,23 €

b) 173,45 € + 325,32 €

c) 242,72 € – 84,53 €

3. Rechne.

a)

	314,23 m
+	123,56 m

b)

	62,53 m
+	329,38 m

c)

	360,38 m
+	251,07 m

d)

	784,65 m
–	231,42 m

e)

	637,82 m
–	69,35 m

f)

	320,78 m
–	8,40 m

4. Rechne schriftlich.

a) 413,85 m + 124,12 m

b) 354,32 m + 242,14 m

c) 548,07 m – 5,39 m

1–4 Schriftliche Subtraktion im Abziehverfahren oder Ergänzungsverfahren möglich

1. Setze ein.

a)

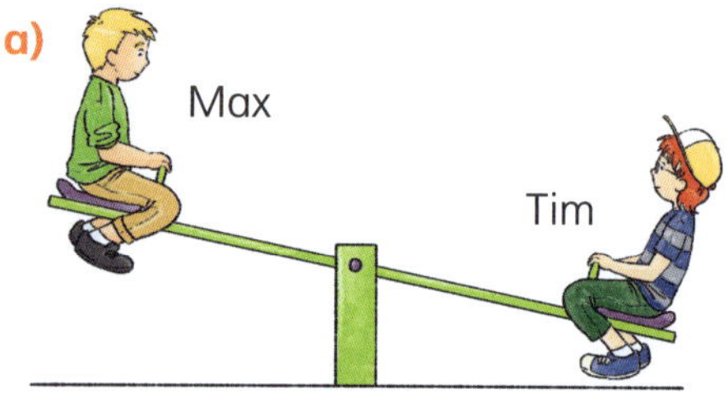

b)

ist leichter als

ist schwerer als

Max ______________________ Tim.

Tim ______________________ Max.

Hanna ______________________ Mira.

Mira ______________________ Hanna.

2. Trage die passende Gewichtsangabe ein.

______________ ______________ ______________

1 kg

500 g

250 g

3. Verbinde.

$\frac{1}{4}$ kg	1 000 g
$\frac{1}{2}$ kg	250 g
1 kg	500 g

4. Trage die passende Gewichtsangabe ein.

______________ ______________ ______________

100 g

20 g

1 g

5. Gramm oder Kilogramm? Kreuze an.

○ 5 g
○ 5 kg

○ 400 g
○ 400 kg

○ 20 g
○ 20 kg

○ 1 g
○ 1 kg

1. Wie viel wiegen die Lebensmittel? Rechne und schreibe die Antwort.

a)

500 g + 100 g = ____

Die Bananen wiegen ____

b)

____

____

c)

____

____

2. Ordne der Größe nach.

100 kg | 750 kg | $\frac{1}{2}$ kg | 1 000 g | 5 kg | $\frac{1}{4}$ kg

____ < ____ < ____ < ____ < ____ < ____

3. Ergänze zu 1 kg.

a) 700 g + ____ = 1 000 g = 1 kg
295 g + ____ = ____ = 1 kg

b) 630 g + ____ = ____ = 1 kg
932 g + ____ = ____ = 1 kg

4. Ergänze zu $\frac{1}{2}$ kg.

400 g + ____ = 500 g = $\frac{1}{2}$ kg
180 g + ____ = ____ = $\frac{1}{2}$ kg
346 g + ____ = ____ = $\frac{1}{2}$ kg

5. Ergänze zu $\frac{1}{4}$ kg.

100 g + ____ = 250 g = $\frac{1}{4}$ kg
170 g + ____ = ____ = $\frac{1}{4}$ kg
129 g + ____ = ____ = $\frac{1}{4}$ kg

6. Setze ein: >, < oder =

a) 380 g ◯ 210 g b) $\frac{1}{2}$ kg ◯ 500 g c) 400 g ◯ 400 kg d) 1 g ◯ 100 g

1. Immer drei Kärtchen gehören zusammen. Male passende Volumenangaben und Messbecher in der gleichen Farbe an.

$\frac{1}{4}$ l | 500 ml | $\frac{1}{2}$ l | 1 l

750 ml | 1 000 ml | $\frac{3}{4}$ l | 250 ml

2. Liter oder Milliliter? Kreuze an.

○ 5 l
○ 5 ml

○ 250 l
○ 250 ml

○ 750 l
○ 750 ml

○ 1 l
○ 1 ml

3. Ordne der Größe nach.

$\frac{3}{4}$ l | 100 ml | 1 l | 50 l | $\frac{1}{2}$ l | 250 ml

_____ < _____ < _____ < _____ < _____ < _____

4. Ergänze zu 1 l.

300 ml + _____ = 1 000 ml = 1 l
820 ml + _____ = _____ = 1 l
245 ml + _____ = _____ = 1 l
976 ml + _____ = _____ = 1 l

5. Ergänze zu $\frac{3}{4}$ l.

500 ml + _____ = 750 ml = $\frac{3}{4}$ l
430 ml + _____ = _____ = $\frac{3}{4}$ l
563 ml + _____ = _____ = $\frac{3}{4}$ l
702 ml + _____ = _____ = $\frac{3}{4}$ l

6. Ergänze zu $\frac{1}{2}$ l.

100 ml + _____ = 500 ml = $\frac{1}{2}$ l
160 ml + _____ = _____ = $\frac{1}{2}$ l
217 ml + _____ = _____ = $\frac{1}{2}$ l
486 ml + _____ = _____ = $\frac{1}{2}$ l

7. Ergänze zu $\frac{1}{4}$ l.

200 ml + _____ = 250 ml = $\frac{1}{4}$ l
120 ml + _____ = _____ = $\frac{1}{4}$ l
249 ml + _____ = _____ = $\frac{1}{4}$ l
104 ml + _____ = _____ = $\frac{1}{4}$ l

1. Setze ein: >, < oder =

a)	b)	c)	d)
320 ml ◯ 320 ml	126 l ◯ 216 l	750 ml ◯ $\frac{1}{4}$ l	100 ml ◯ 100 l
486 ml ◯ 648 ml	973 l ◯ 937 l	1 000 ml ◯ 10 l	250 l ◯ 250 l
405 ml ◯ 504 ml	444 l ◯ 444 l	$\frac{1}{2}$ l ◯ 500 ml	367 ml ◯ 367 l

2. Wie viele Milliliter haben die Kinder? Rechne und schreibe die Antwort.

a)

Emma 500 ml 200 ml

500 ml + 200 ml =

Emma hat ____________________

b)

Tim 500 ml 500 ml

____

c)

Hanna 200 ml 200 ml 330 ml

____

3. Löse die Sachaufgabe.

Max macht mit $\frac{3}{4}$ l Mineralwasser und 250 ml Apfelsaft eine Schorle.

a) Wie viele Milliliter Schorle erhält Max?

L:

R:

A: ____________________

b) Wie viele Milliliter Schorle sind es, wenn er nur $\frac{1}{2}$ l Mineralwasser nimmt?

L:

R:

A: ____________________

1. Rechne. Achte auf die Punkt- vor Strichrechnung.

a)
$3 \cdot 6 + 7 = 18 + 7 = ☐$
$6 \cdot 8 + 5 = ☐ + 5 = ☐$
$12 + 4 \cdot 3 = 12 + ☐ = ☐$
$50 - 10 \cdot 5 = ☐ - ☐ = ☐$

b)
$6 \cdot 4 - 20 = ☐ - ☐ = ☐$
$6 \cdot 6 - 12 = ☐ - ☐ = ☐$
$15 : 5 + 7 = ☐ + ☐ = ☐$
$36 : 6 - 2 = ☐ - ☐ = ☐$

2. Rechne. Achte auf die Punkt- vor Strichrechnung.

a) $2 \cdot 6 + 4 \cdot 3 = ☐$
$12 + ☐ = ☐$

b) $5 \cdot 4 - 2 \cdot 5 = ☐$
$☐ - ☐ = ☐$

c) $3 \cdot 7 + 50 : 10 = ☐$
$☐ + ☐ = ☐$

d) $7 \cdot 1 + 3 \cdot 6 = ☐$
$☐ + ☐ = ☐$

e) $8 \cdot 8 - 2 \cdot 4 = ☐$
$☐ - ☐ = ☐$

f) $90 : 9 - 3 \cdot 3 = ☐$
$☐ - ☐ = ☐$

g) $6 \cdot 5 + 2 \cdot 9 = ☐$
$☐ + ☐ = ☐$

h) $6 \cdot 5 - 5 \cdot 4 = ☐$
$☐ - ☐ = ☐$

i) $25 : 5 + 35 : 7 = ☐$
$☐ + ☐ = ☐$

3. Rechne von links nach rechts.

a)
$5 \cdot 9 \cdot 1 = ☐$
$3 \cdot 5 \cdot 2 = ☐$
$2 \cdot 7 \cdot 2 = ☐$
$6 \cdot 4 \cdot 0 = ☐$

b)
$25 + 75 + 20 = ☐$
$20 + 30 + 50 = ☐$
$200 - 80 - 100 = ☐$
$500 - 30 - 20 = ☐$

c)
$5 \cdot 2 : 10 = ☐$
$8 \cdot 1 \cdot 8 = ☐$
$60 : 6 : 5 = ☐$
$100 : 10 \cdot 4 = ☐$

4. Rechne. Finde alle passenden Zahlen. Trage ein.

a) $4 \cdot 6 = 20 + ■$ Lösung: 4
$4 \cdot 6 > 20 + ■$ Lösungen: 0, 1, 2, 3

b) $5 \cdot 8 = 32 + ■$ Lösung: ☐
$5 \cdot 8 > 32 + ■$ Lösungen: ☐

c) $8 \cdot 8 = 60 + ■$ Lösung: ☐
$8 \cdot 8 > 60 + ■$ Lösungen: ☐

d) $3 \cdot 7 = 15 + ■$ Lösung: ☐
$3 \cdot 7 > 15 + ■$ Lösungen: ☐

e) $8 \cdot 3 = 4 \cdot ■$ Lösung: ☐
$8 \cdot 3 > 4 \cdot ■$ Lösungen: ☐

f) $3 \cdot 10 = 6 \cdot ■$ Lösung: ☐
$3 \cdot 10 > 6 \cdot ■$ Lösungen: ☐